Übungsreihen für Geistigbehinderte
Heft A 8.2 (Umgang mit Mengen, Zahlen und Größen)

Franziska Reich

Anbahnung des Zahlbegriffs bei Geistigbehinderten:
Geistigbehinderte lernen Voraussetzungen zum Zählen – Reihenbegriff und Zahlbegriff "1"

Zeichnungen: Judit Schaffrin, Franziska Reich

Übungsreihen für Geistigbehinderte

– Konzepte und Materialien –

Hrsg. Susanne Dank

Lehrgang A: Umgang mit Mengen, Zahlen und Größen **Heft A 8.2**

Franziska Reich

Anbahnung des Zahlbegriffs bei Geistigbehinderten:

Geistigbehinderte lernen Voraussetzungen zum Zählen

Reihenbegriff und Zahlbegriff "1"

Zeichnungen: Judit Schaffrin, Franziska Reich

verlag modernes lernen - Dortmund

Meiner Tochter Stefanie,

die in vielen Stunden Arbeit

mein Manuskript in den Computer übertragen hat.

Zeichnungen: Judit Schaffrin, Franziska Reich

Fotos: Prof. Dr. Christian Schaffrin, Franziska Reich

Bestell-Nr. 3614 ISBN 3-8080-0289-1

Inhalt

Übungsreihen für Geistigbehinderte?

Idee und Anliegen

Leider sind Konzepte und Arbeitshilfen für die Förderung und den Unterricht mit Geistigbehinderten immer noch rar. Häufig beziehen sich Eltern, Lehrer und Erzieher in Ermangelung geeigneter Materialien auf Inhalte und Vermittlungsformen der herkömmlichen Kindergarten- und Schulpädagogik. Diese werden jedoch den speziellen Bedürfnissen geistigbehinderter Schüler nur selten gerecht.

Sei es, daß der Lernstoff im Schwierigkeitsgrad zu weit „oben" ansetzt, daß die Lernschritte zu rasch aufeinander folgen und die breite Übungspalette fehlt oder aber, daß Themen angeboten werden, die dem Alter und den Interessen Geistigbehinderter einfach nicht so recht entsprechen.

Dieses Manko versuchen die „Übungsreihen für Geistigbehinderte" aufzuarbeiten, indem hier *notwendige* und *praxisorientierte* Förderinhalte systematisch und umfassend abgehandelt werden.

Geistigbehinderte müssen mit Hilfe *besonders* strukturierter Lerninhalte auf ein weitgehend selbständiges Leben vorbereitet werden. Wie eine Förderung in diesem Sinne aussehen kann, dokumentieren die „Übungsreihen für Geistigbehinderte" anschaulich und nachvollziehbar.

Die Auswahl der Einzelthemen orientiert sich dabei am geistigbehinderten Schüler und seiner Lebensumwelt, fragt nach so wichtigen Entscheidungskriterien wie:

- Hat das Thema Relevanz für die aktuelle oder zukünftige Lebenssituation Geistigbehinderter?
- Nimmt es in notwendiger Weise Bezug auf vorhandene Sachzwänge und objektive Gesetzmäßigkeiten?
- Vergrößert der Lernstoff die Handlungskompetenz, erweitert er den Aktionsradius der Schüler?
- Orientiert sich der Lerngegenstand ausreichend an ihren individuellen Bedürfnissen und Interessen?

In den Sonderschulen für Geistigbehinderte werden die Erziehungs- und konkreten Lernziele innerhalb von *fachorientierten Lehrgängen* (Schaffung sachgerechter Grundlagen in den einzelnen Fachbereichen) und *Vorhaben/Projekten* (Anwendung der erworbenen Kenntnisse und Fähigkeiten in praxisorientierten Aufgabenfeldern) verfolgt.

Eine entsprechende Systematik liegt auch den „Übungsreihen für Geistigbehinderte" zugrunde.

Die „Übungsreihen für Geistigbehinderte" stellen Beiträge zu den *Lehrgängen*

- Sprache (Lesen und Schreiben)
- UMZG (Umgang mit Mengen, Zahlen und Größen)
- Lebenspraktisches Training
- Arbeitslehre (Werktechnische Fächer, Hauswirtschaft)
- Wahrnehmungsförderung
- Sport
- Musik

in übersichtlichen Fördereinheiten vor. *Vorhaben* und *Projekte* werden in Form übertragbarer Dokumentationen für den Nachvollzug zugänglich gemacht.

Die Frage, für wen die „Übungsreihen für Geistigbehinderte" geschrieben werden, ist leicht zu beantworten: Für alle, die in der Förderarbeit mit Geistigbehinderten tätig sind – Lehrer, Erzieher, Eltern, Betreuer in Werkstätten, Heimen, Horten, Kindergärten, Freizeiten und Krankenhäusern.

Über Rückmeldungen und Kritik, Anregungen und Vorschläge von Leserseite würde ich mich als Herausgeberin der Hefte-Reihe sehr freuen. All jene, die mit ihrer Erfahrung, bisher geleisteter Unterrichtsarbeit, Materialiensammlungen und anderen Schätzen zum Gelingen der Reihe beitragen wollen, möchte ich ermutigen, sich an dieser Pionierarbeit zu beteiligen.

Susanne Dank

Der Lehrgang Umgang mit Mengen, Zahlen und Größen

Der Lehrgang UMZG ist häufig für Schüler und Lehrer gleichermaßen mit großen Frustrationen verbunden. Wie liebevoll auch immer hier die Materialien ausgewählt und Arbeitsblätter gemalt sein mögen, so müssen wir doch ständig die Erfahrung machen, daß das abstrakte Verständnis für mathematische Sachverhalte bei Geistigbehinderten häufig ausbleibt und es kein Vorwärtskommen gibt, wenn wir die Ebene des Konkreten verlassen.

Dabei steckt die Welt voller Zahlen, Mengen und Größen. Wir können nicht so tun, als ob das mathematische Wissen nebensächlich und bloßer Ballast wäre. Klammern wir diesen Bereich von vornherein aus, lernen die Schüler weder die Uhr zu lesen noch mit Geld umzugehen. Kalender, Lineal, Meßbecher und Küchenwaage, ja sogar das Telefon bleiben unverstanden und für die praktische Nutzung unzugänglich.

Um diesem Dilemma zu entgehen, muß innerhalb des Lehrgangs zweigleisig verfahren werden:

Einerseits langfristige und systematische Planung auf das Endziel einer möglichst umfassenden mathematischen Kompetenz hin. Andererseits Einteilung des Stoffes in überschaubare Abschnitte sowie Schulung engumgrenzter, vor allem aber pragmatischer Teilfertigkeiten.

Da von vornherein absehbar ist, daß viele Schüler kein umfassendes Verständnis von Mengen, Zahlen und Größen erwerben können, muß der Unterricht von Anfang an so geplant werden, daß jede Übungseinheit mit einer *Handlungskompetenz* abschließt.

Nur so vermeiden wir das ermüdende, endlose Wiederholen mathematischer Grundlagen ohne wirklichen Erfolg.

Die mühsam antrainierten Wissensbruchstücke können im Lebensalltag der Schüler keinen Einsatz finden, solange sie nicht im Zusammenhang mit aktuellen und bedürfnisorientierten Tätigkeiten stehen. Erfolgreich und motivierend kann der Lehrgang UMZG nur dadurch werden, daß wir hier Lernziele anstreben, die als Lösungsstrategien auch über die einzelne Unterrichtsstunde hinaus anzuwenden sind.

Das durchaus notwendige Erarbeiten und Üben mathematischer Fundamente, wie z.B.

- Anbahnung eines globalen Mengenverständnisses
- Klassifikationsleistungen
- Herstellen von Beziehungen und Zuordnungen
- Aufbau des Zahlenraumes
- Erwerb grundlegender Rechentechniken usw.

muß stets in einen Rahmen eingebettet sein, der ganz konkrete Lernerträge garantiert und nicht ausschließlich von der vagen Hoffnung lebt, „daß Rita vielleicht doch noch das Addieren lernt"!

Der Wunsch, geistigbehinderte Schüler durch den Lehrgang UMZG mit frei verfügbaren Handlungskompetenzen auszustatten, geht nur in Erfüllung, wenn gleichzeitig zur Schulung des mathematisch-analytischen Verständnisses ebenfalls Wege des *ganzheitlichen Erfassens* vermittelt werden und die Schüler die erworbenen Kenntnisse praktisch erproben, in lebensechten Situationen einüben und dadurch zu individuellen Fertigkeiten entwickeln können.

Im schulischen Alltag erreichen wir dies, indem wir den Lehrgang UMZG in abgeschlossene *Unterrichtsreihen* zergliedern, die parallel zum Aufbau der abstrakten Rechenfähigkeit ganz pragmatische Ziele verfolgen, d.h. die Schüler mit *konkreten Techniken* ausrüsten, die auch unabhängig von weiteren, aufbauenden Lernerfolgen sofort anwendbar sind.

Unter diesem Motto sind die Beiträge der „Übungsreihen für Geistigbehinderte – Lehrgang Umgang mit Mengen, Zahlen und Größen" entstanden.

Susanne Dank

Bisher erschienen:

Heft A1: Geistigbehinderte lernen die Uhr im Tagesablauf kennen.

Heft A5: Geistigbehinderte lernen den Umgang mit dem Längenmaß.

Heft A7: Geistigbehinderte lernen Möglichkeiten Freier Arbeit im Bereich Umgang mit Mengen, Zahlen und Größen kennen.

Heft A8.1: Anbahnung des Zahlbegriffs bei Geistigbehinderten: Theoretische Einführung

Geistigbehinderte lernen Voraussetzungen zum Zählen (Reihenbegriff und Zahlbegriff „1“)

Wie sind die Unterrichtsreihen im Lehrgang „Anbahnung des Zahlbegriffs bei Geistigbehinderten“ einzuordnen?

Dieses Heft umfaßt *zwei* Unterrichtsreihen, durch welche die Schüler wichtige Voraussetzungen zu korrektem Zählen erwerben sollen. Die beiden hier dargestellten Grundlagen sind der *Reihenbegriff/die Reihenbildung* einerseits und der *Zahlbegriff „1“* andererseits.

Die Unterrichtsreihen sind **Teil eines Lehrgangs zur Anbahnung des Zahlbegriffs bei Geistigbehinderten**, der in Heft A 8.1 dieser Übungsreihen ausführlich dargestellt und theoretisch begründet wurde.

Der *Zahlbegriff* soll in diesem Lehrgang *in seinen vielfältigen Aspekten* systematisch erarbeitet werden. Dabei nimmt der Zählzahlaspekt aufgrund seines Zusammenhangs mit den anderen Zahlaspekten (vgl. Abb.1b) und seiner Bedeutung bei deren Entwicklung sowie unter dem Gesichtspunkt der Kindgemäßheit und Lebensbedeutsamkeit für Geistigbehinderte eine zentrale, verbindende Stellung ein (vgl. Heft A 8.1).

Alle Unterrichtsreihen sind folgendem Grobziel unterstellt:

„Die Schüler sollen die Zahlen 1 – 10 als Zählzahlen und im Zusammenhang mit diesen als Operator-, Kardinal-, Rechen-, Ordnungs- und Maßzahlen sowie in ihrer Zifferndarstellung kennen- und anwenden lernen.“

Inhalt und Aufbau der einzelnen Reihen ergeben sich aus der Analyse der Inhalts- und Verhaltensaspekte dieses Grobziels (Abb. 1a und 1b), die in Heft A 8.1 näher erläutert wurde.

In der Skizze zum Inhaltsaspekt des Grobziels (Abb. 1a) sind als *konstituierende Begriffe* für die Zählzahl der Reihenbegriff, der Zahlbegriff „1“ sowie die Zahlwortreihe aufgeführt.

Die Anbahnung der ersten beiden Begriffe ist Inhalt dieses Heftes, die ebenfalls grundlegende Zahlwortreihe wird im nächsten Heft (A 8.3 „Geistigbehinderte lernen zählen“) erarbeitet.

Wieso sind der Reihenbegriff und der Zahlbegriff „1“ Voraussetzungen zum Zählen?

Warum setzt einsichtiges Zählen voraus, daß ein Kind weiß, was eine *Reihe* ist und Reihen bilden kann?

Zum einen ist es hilfreich und wichtig, die *Zählobjekte linear,* also in einer Reihe, *anordnen* zu können, um beim Auszählen Fehler zu vermeiden (z.B. Auslassen oder mehrfaches Zählen von Objekten). Zum anderen sind die *Zählzahlen* selbst *Glieder einer* ***Reihe*** (nämlich der Zahlwortreihe), die nach vorgeschriebenen Gesetzmäßigkeiten mit der Reihe der zu zählenden Gegenstände verknüpft werden.

Da die Reihenfolge der Zählzahlen aber nicht beliebig sondern genau festgelegt ist, sollten die Schüler in der Lage sein, Dinge nicht nur in *zufälliger* Reihung, sondern auch nach vorgegebenen Regeln anzuordnen *(**Ab**folgen).*

Die Zählzahlreihe stellt allerdings keine *einfache* Abfolge dar, sondern vielmehr eine *„total geordnete Reihe“,* eine sog. ***Rang****folge,* bei der jedes Glied um eine Einheit größer als das vorhergehende ist. Hier kommt also zusätzlich die Größer-Kleiner-Relation zum Tragen.

Im Zusammenhang mit der folgenden Erarbeitung des Reihenbegriffs werden Rangfolgen jedoch noch nicht behandelt, da sie ihrem Wesen nach zum Ordnungszahlaspekt (Heft A 8.7[1]) gehören. Zudem entwickelt sich beim Kind die Fähigkeit zur serialen Anordnung von Elementen in Rangreihen zu einem relativ späten Zeitpunkt. Die Kinder zählen zunächst und bestimmen auch Anzahlen schon korrekt, ohne bereits die Vorgänger-Nachfolger-Beziehung in der Zahlenreihe (z.B. 3<4<5 und 3>2>1) verstanden zu haben.

Was den *Zahlbegriff „1“* anbelangt, muß dieser beim Kind vorhanden sein, wenn es korrekt zählen will, da dabei stets *einem* (bestimmten!) Zahlwort ein Zählobjekt zugeordnet werden muß und umgekehrt (*eineindeutige* Zuordnung zwischen Zählzahl und Zählobjekt). Zudem ist die Zahl „1“ Ausgangspunkt bzw. 1. Glied der Zahlwortreihe.

[1] Heft A 8.7 „Geistigbehinderte lernen Ordnungsstrukturen und -zahlen kennen“ erscheint zu einem späteren Zeitpunkt.

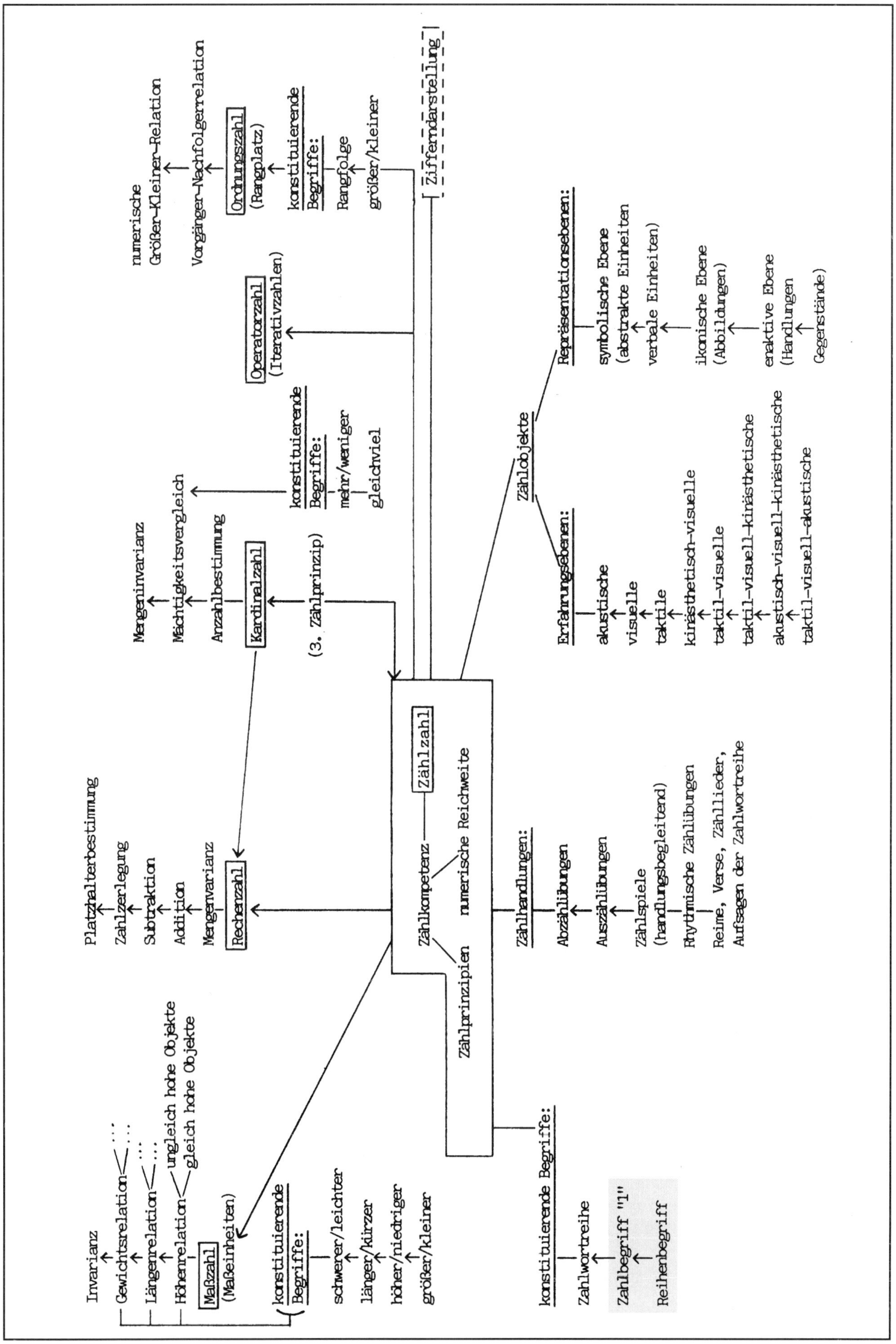

Abb. 1a: Skizze zu den ***Inhaltsaspekten*** *des Grobziels*

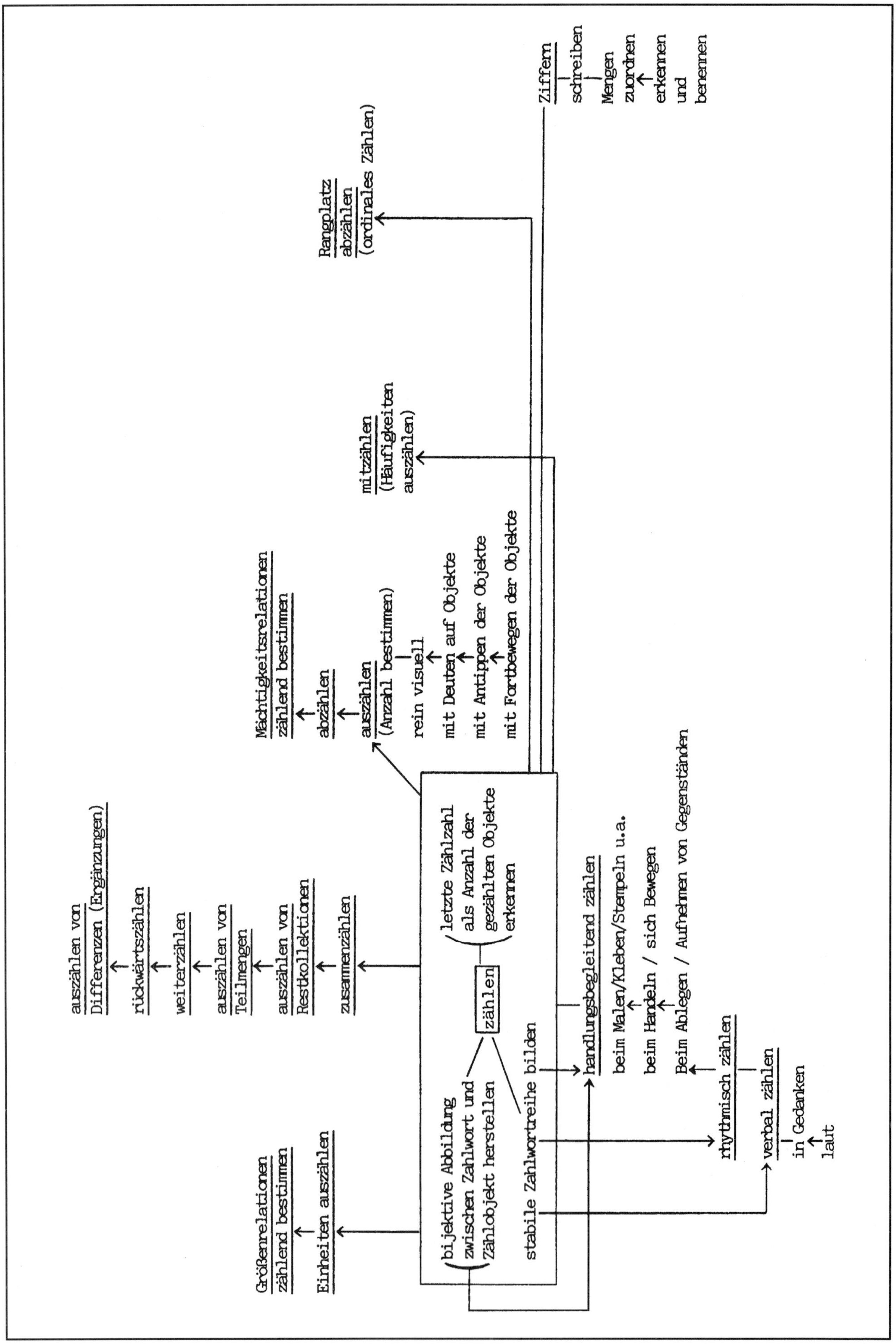

Abb. 1b: Skizze zu den ***Verhaltensaspekten*** des Grobziels

Über welche Lernvoraussetzungen müssen die Schüler verfügen?

Die beiden Unterrichtsreihen setzen auf einer so niedrigen Stufe der Zahlbegriffsentwicklung an (Stand eines ca. 3 – 4jährigen nichtbehinderten Kindes), daß im *mathematischen Sinne* keine Voraussetzungen hierfür erforderlich sind.

Es wäre gut, wenn die Schüler *feinmotorisch* so geschickt wären, daß sie kleine Figuren in Reihen aufstellen, einfache Formen kneten und Perlen auffädeln können. Dies ist aber nicht unbedingt notwendig, da das Übungsangebot breit ist, und auch immer wieder Variationen für feinmotorisch weniger gewandte Kinder angegeben werden.

Ebenso wäre es schön, wenn die Schüler *graphomotorisch* so weit wären, daß sie einfache Schreibgeräte richtig führen und zumindest einzelne senkrechte Striche und Kreise zeichnen könnten. Doch auch dies ist als Voraussetzung nicht unbedingt erforderlich.

Wahrnehmungsmäßig ist eine einigermaßen ausgebildete Auge-Hand-Koordination ebenso notwendig wie eine vorhandene Raumlage- und räumliche Beziehungswahrnehmung sowie das Erkennen und Unterscheiden von Formen, Farben, bildhaften Darstellungen und Symbolen.

An *kognitiven Fähigkeiten* sollten die Schüler ein Verständnis für einfache Regeln und Beziehungen aufweisen, neue Begriffe erlernen und verbal gestellte Aufgaben verstehen können.

Insgesamt sollten sie von ihrem *Arbeitsverhalten* her in der Lage sein, sich über mehrere Minuten lang auf eine Aufgabe konzentrieren und mit einem Material nach Anweisung selbständig beschäftigen zu können (z.B. Gegenstände in Reihen aufstellen).

In welcher Schul- bzw. Altersstufe können die Unterrichtsreihen durchgeführt werden?

Die beiden Unterrichtsreihen sind so grundlegend für den Aufbau des Zahlbegriffs, daß sie schon in der Vorstufe, zumindest aber in der Unterstufe der Geistigbehindertenschule durchgeführt werden sollten.

Entsprechend sind auch alle unterrichtspraktischen Vorschläge für Kinder dieser Altersstufe erstellt worden. Allerdings bieten die bei vielen Übungen zusätzlich angeführten *Differenzierungsvorschläge* auch Material und Aufgaben für ältere Schüler an.

Welche Unterrichtsmaterialien und Medien werden benötigt?

Bei allen Übungen/Spielen werden die jeweils erforderlichen Unterrichtsmaterialien detailliert aufgeführt sowie ggf. Herstelleradressen angegeben.

Eine Reihe von wichtigen Kriterien zur Auswahl der Unterrichtsmedien für den Lehrgang „Anbahnung des Zahlbegriffs bei Geistigbehinderten" wurden in Heft A 8.1 beschrieben.

Allgemein läßt sich sagen, daß lange genug mit den verschiedensten konkreten Materialien geübt werden sollte, bevor man die Kinder auf der ikonischen (bildlichen) Darstellungsebene arbeiten läßt.

Bei der *Reihenbildung* sind die Tischkante oder eine Heft-/Buchkante und Linien auf den vorgegebenen Blättern oder schmale Papierstreifen anfangs hilfreich zur Orientierung für die Schüler, bis sie in der Lage sind, frei Objekte in Reihen zu ordnen/malen.

Die Medien zur Anbahnung des *Zahlbegriffs „1"* sollten vorwiegend homogen, d.h. gleichartig sein, wenn das „erste Zählen" („eins, eins, noch eins, ...") oder die Unterscheidung zwischen „1" und „viele" geübt werden, und heterogen, also ungleichartig, wenn die provozierte 1:1-Zuordnung angebahnt wird.

Diese *provozierte* Korrespondenz zwischen zwei Mengen, bei der jedem Objekt der einen Menge genau *eines* der anderen zugeordnet wird, ist überhaupt nur zwischen heterogenen Medien möglich, da die Elemente der beiden Mengen einander „qualitativ komplementär", d.h. auf eine so bestimmte Art einander „ergänzend" sein müssen, daß ihre natürliche oder gewohnheitsmäßige Zusammengehörigkeit geradezu eine Zuordnung „provoziert" (z.B. Tassen und Untertassen).

Zum ersten „Zählen" mit dem Zahlbegriff „1" sollten andererseits möglichst gleichartige oder gleiche Objekte genommen werden, weil vor allem dann, wenn viele *gleiche* Dinge vorhanden sind, die Schüler angeregt werden, diese zu „zählen".

Die Unterrichtsreihe „Reihenbegriff und Reihenbildung"

Wie ist die Reihe aufgebaut?

Die Unterrichtsreihe ist nach u.a. *Lernzielen* aufgebaut. Diese stellen eine *sachlogische Lernschrittfolge* dar. Sie ist jedoch, ebenso wie die Anordnung der verschiedenen Unterrichtsreihen im gesamten Lehrgang, gleichwohl nicht als streng hierarchisch anzusehen, da „die Zerlegung eines Lernziels in Teillernziele ... keineswegs eindeutig" ist, „so daß man zu verschiedenen Lernstrukturen gelangen kann" (Wittmann 1978[5], 115).

Außerdem lernen geistigbehinderte Kinder oft nicht so eindeutig den entwicklungspsychologischen und sachlogischen Erkenntnissen entsprechend, wie man das bei nichtbehinderten vorfindet.

Die Kollegen mögen daher die Ziele und Reihenfolge der Übungen ihren Schülern entsprechend auswählen. Der sachlogische Aufbau kann dabei den roten Faden bieten.

Da in den meisten Klassen an Schulen für Geistigbehinderte ohnehin der Entwicklungsstand der einzelnen Kinder sehr unterschiedlich ist, wird der Lehrer nicht umhin können, in einer Unterrichtsstunde mit verschiedenen Schülern innerhalb verschiedener Reihen des Lehrgangs arbeiten zu müssen. Bei dieser starken *Differenzierung* sind Flexibilität und Kreativität des Lehrers gefordert, um z.B. mit ein und derselben Übung oder mit den gleichen Medien die z.T. weit auseinanderliegenden Ziele der entsprechenden Reihen für die einzelnen Kinder verfolgen zu können. Bei mehreren Übungen/Spielen werden deshalb exemplarisch *Hinweise zu derartigen Differenzierungsmöglichkeiten* gegeben. Diese sind meist Abänderungen der Übungen für leistungsstärkere Schüler zu weiterreichenden Zahlaspekten.

Entsprechend einem sachlogischen Aufbau werden zunächst Übungen/Spiele dargelegt, bei denen die Kinder den *Reihenbegriff* und damit zusammenhängende Begriffe kennen- und anwenden lernen sollen. Von der Anordnung von Objekten in *zufälliger Reihung* kommt man zur Reihung nach vorgegebenen Regeln, zu den sog. *Abfolgen*.

Wiederholen sich bei Abfolgen bestimmte Teile immer wieder, handelt es sich um sog. *periodische Folgen*. Diese Tätigkeit erfordert vom Kind noch keinen entwickelten Zahlbegriff, da diese Folgen rein optisch, als serialer Wahrnehmungsakt, erfaßt werden können (z.B. „blau/rot-blau/rot-..." oder „rund/rund/eckig-rund/rund/eckig-...").

Bei vorgegebenen periodischen Folgen selbständig Fehler zu entdecken ist das Endziel dieser Unterrichtsreihe.

Bei den unterrichtspraktischen Vorschlägen (Übungsfundus) wird die Zuordnung zu den u.a. Lernzielen nicht mehr eigens aufgeführt. Diese kann der Leser unschwer selbst vornehmen. Zudem lassen sich mit vielen Übungen mehrere *verschiedene* Ziele gleichermaßen erreichen.

Die Lernziele der Unterrichtsreihe

Die Schüler sollen

- anhand von Beispielen erfahren bzw. erleben, daß in einer Reihe die Elemente immer ordentlich neben- oder hintereinander stehen bzw. liegen
- die Begriffe „vor", „hinter", „neben", „hintereinander" und „nebeneinander" kennen- und anwenden lernen
- Elemente einer ungeordneten Menge von Gegenständen in Reihen ordnen
- auf ikonischer (bildlicher) Darstellungsebene mit Hilfslinien Reihen bilden
- auf ikonischer Ebene ohne Hilfslinien Reihen bilden
- vorgegebene Abfolgen nachlegen
- Abfolgen nach vorgegebenen Kriterien selbständig bilden
- periodische Abfolgen von konkreten Objekten nachbilden
- periodische Folgen von konkreten Objekten nach vorgegebener Regel selbständig bilden bzw. fortsetzen
- periodische Folgen (auf ikonischer Ebene) nach Vorlagen abmalen
- periodische Folgen nach vorgegebener Regel aus- oder weitermalen
- Regeln bei vorgegebenen periodischen Folgen erkennen und die Reihen entsprechend fortsetzen (Bildungsgesetz erschließen)
- Fehler bei vorgegebenen periodischen Folgen erkennen und verbessern.

Übungsfundus

- **Einstiegsbilder** (Abb. 2a und 2b)

Variationen:

- Hühner werden gefüttert und kommen nacheinander angerannt.
- Vögel fliegen am Himmel und setzen sich in einer Reihe auf eine Telegraphenleitung.
- Kühe gehen von der Wiese weg nacheinander auf der Straße zum Stall.
- Blumen werden in einer Reihe ins Beet gepflanzt usw.

Abb. 2a

Abb. 2b

- **„Der Trubel ist vorbei, eine Reihe sei!"**

Raum/Medien:

Turnhalle, Tamburin, Turnbank

Durchführung:

Die Kinder dürfen in der Turnhalle durcheinander laufen, springen, hüpfen. Der Lehrer[2] schlägt dazu leicht und schnell auf das Tamburin. Sobald er (mit rhythmischer Tamburinbegleitung) ruft: „1, 2, 3, der Trubel ist vorbei, eine Reihe sei!" stellen sich die Schüler *(hintereinander)* in einer Reihe vor der Bank auf. Sie gehen nacheinander über die Bank und setzen sich *(nebeneinander)* auf eine Matte, bis alle fertig sind. Die Übung wird mehrmals wiederholt, wobei die Kinder stets auf andere Art die Bank „überqueren" dürfen (hüpfen, robben, rutschen, drunter durchkriechen etc.).

Wenn ein Kind die Reihe nicht einhält, weist der Lehrer ausdrücklich darauf hin: „Da tanzt einer aus der *Reihe*".

Variation:

Statt „1, 2, 3, der Trubel ist vorbei, ..." singt der Lehrer (ggf. auch die Schüler) *ohne* Tamburinbegleitung folgendes Lied (Melodie und Text: mündlich überliefert, Abb. 3):

Abb. 3

[2] Der Einfachheit halber wird hier und im folgenden von „Lehrer" gesprochen. Die Kolleginnen bitte ich um Verständnis.

Eisenbahnspiel

Raum/Medien:

Turnhalle oder Klassenzimmer, Matte oder Turnbank

Durchführung:

Die Kinder sitzen nebeneinander auf einer Matte oder Turnbank. Der Lehrer oder ein Schüler ist die Lokomotive und geht im Kreis, in Schlangenlinien oder in Mäandern (⊓⊔⊓⊔⊓⊔), also möglichst in „geordneten" Wegen, in der Turnhalle/im Klassenzimmer herum. Alle singen dazu folgendes Lied (Melodie und Text: mündlich überliefert):

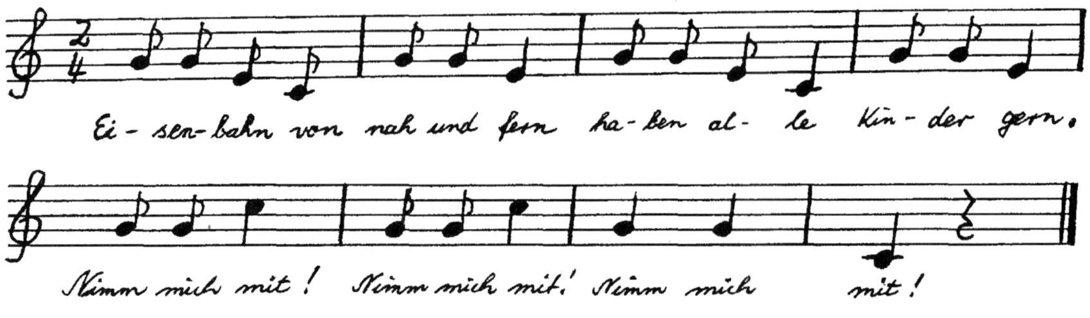

Abb. 4

Die „Lokomotive" hält an und nennt ein Kind, welches sich als „Wagen" anhängen darf. Der „Zug" geht weiter (mit Gesang). Das nächste Kind wird aufgerufen, usf. Sobald alle Schüler in der Reihe sind, wird beim 2. Teil des Liedes gesungen: „... häng mich ab, häng mich ab, häng mich ab!". Die Kinder verlassen nacheinander die Reihe wieder.

Variationen:

- Auf den Boden werden mit (feuchter) Kreide gerade Linien („Schienen") gemalt oder mit Tesakreppband geklebt, auf denen der „Zug fährt".
- Stühle, in einer Reihe aufgestellt, symbolisieren den Zug. Die Kinder sind Reisegäste, die nacheinander ein- bzw. aussteigen.
- Statt o.a. Lied kann man auch folgendes singen (Melodie und Text: volkstümlich):

Abb. 5

Nachdem alle „Waggons" angehängt sind, muß der „Zug" einen „steilen Berg hochschnaufen" und es wird gesungen:

„Kinderlein, Kinderlein, hängt euch ab, die Eisenbahn, sie macht sonst schlapp!"

Nacheinander verlassen die Kinder wieder die „Waggonreihe".

● Nebeneinander, hintereinander

Raum/Medien:

Turnhalle, Matte, Turnbank, Tamburin

Einstiegsbilder: (Abb. 6a und 6b)

Abb. 6a: Flankenreihe

Durchführung:

Beim Eisenbahnspiel verbalisiert der Lehrer gelegentlich: „Setzt euch *nebeneinander!*" „Stellt euch *hintereinander!*" u.ä. Jetzt sollen die Begriffe bewußt werden. Der Lehrer stellt die Kinder nacheinander in Flankenreihe, dann in Stirnreihe auf und läßt sie den Unterschied „raten". Dann dürfen die Schüler wieder durcheinander laufen, springen, hüpfen (mit Tamburinbegleitung). Sobald der Lehrer folgenden Vers (Abb. 7 – Text und Melodie: F. Reich) singt, müssen sie sich entsprechend in einer Reihe vor der Turnbank oder einer Matte aufstellen und können dann nacheinander ihre Übung machen (balancieren, hüpfen u.a. bei der Bank, Purzelbaum u.ä. auf der Matte).

Abb. 6b: Stirnreihe

Wer fertig ist, hockt sich, einer *neben* den andern (vgl. Abb. 6a), auf eine Matte (Flankenreihe!). Die Übung wird mehrmals wiederholt. Zwischendurch verbalisieren die Kinder, die in einer Reihe stehen oder sitzen, nacheinander: „Ich stehe *neben* ... und ... ". „Ich stehe *vor* ... und *hinter*... ".

Differenzierungsmöglichkeiten:

Schüler, welche die Begriffe schon erworben haben, können beispielsweise auszählen, wieviele Kinder in einer Reihe stehen, wieviele schon über die Bank gegangen sind, wieviele noch in der Reihe übrig bleiben (Kardinalzahlaspekt), oder wieviele gleich auf der Matte sitzen werden, wenn noch die Schüler „x" und „y" dazukommen (Rechenzahlaspekt).

● Reihen suchen

Raum/Medien:

Umwelt der Kinder, Klassenzimmer, Tafel, Kreide, Haftmaterial für Wandtafel oder Flanelltafel.

Durchführung:

Die Schüler sollen als Hausaufgabe suchen, wo sie zuhause, im Garten, auf der Straße usw. Reihen finden.

Abb. 7

Im Unterricht werden die Ergebnisse zusammengetragen und ergänzt. Der Lehrer malt mit bunter Kreide die Beispiele der Kinder an die Tafel. Es können auch entsprechende Haft- oder Magnetfiguren von den Schülern in Reihen an die einfache Wandtafel, Filz- oder Magnettafel geklebt werden (vgl. Abb. 8).

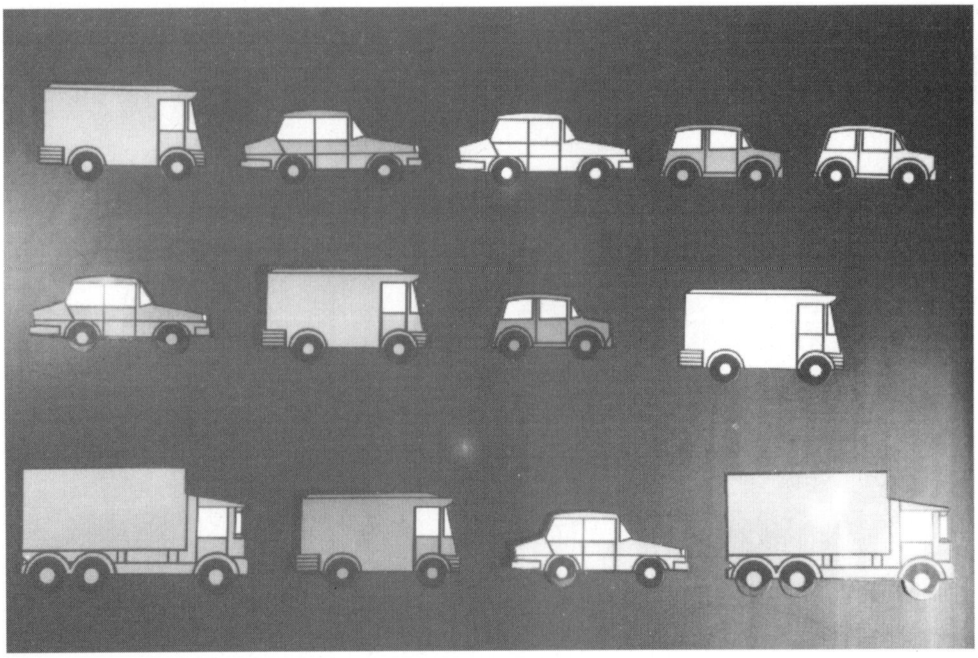

Abb. 8

Reihenbeispiele aus der Umwelt:

- Knopfreihe an Kleidungsstücken
- Wäsche auf der Leine
- Bücher im Regal
- Flaschen/Lebensmittel im Regal
- Fenster an der Kirche oder an großen Häusern
- Häuser in der Straße
- Bäume an der Straße (Alleen)
- Pflastersteine auf der Straße
- Autos vor der Ampel/auf Parkplätzen
- Vögel auf dem Ast/auf einer Telegraphenleitung
- Salat/Gemüse/Blumen im Beet
- Gräber auf dem Friedhof
- Lampions an einer Schnur
- Stuhlreihen beim Kasperletheater/bei Schulaufführungen
- Teller auf langen Tischen im Speisesaal usf.

Differenzierungsmöglichkeiten:

Die Reihen bieten sich zum Aus- und Zusammenzählen an (Kardinalzahl- und Rechenzahlaspekt), ebenfalls zu Längenvergleichen (Maßzahlaspekt) und zu Übungen zum Ordnungszahlaspekt („Welche Farbe hat das 3. Auto?" „Welches Auto ist rot?").

Medienhinweis:

Das angewandte Haftmaterial stammt vom SPECTRA-Lehrmittel-Verlag KG, Beckenkamp 25, 46286 Dorsten.

Möglich ist auch die Verwendung selbstgefertigter Bildobjekte mit Klettband auf einer Filztafel oder mit Magnetband für eine Magnettafel.

● **In Reih' und Glied'**

Raum/Medien:

Klassenzimmer, Wandtafel, Haftmaterial, Knetgummi, kleine Püppchen

Durchführung:

Die Übungen aus der Turnhalle (Kinderreihen, Eisenbahn) werden im Klassenzimmmer nachgespielt, wobei jetzt Haft- und Knetfiguren sowie Püppchen die Kinder symbolisieren. Wir singen die Reihenlieder und das Eisenbahnlied, und jeder Schüler darf eine Haftfigur (Kind) entsprechend an die Tafel kleben bzw. wieder entfernen (vgl. Abb. 9a auf S. 17).

Jedes Kind erhält ca. 10 – 20 kleine Püppchen, die es auf seinem Tisch in Reihen (nebeneinander und hintereinander) aufstellt (vgl. Abb. 9b auf S. 17). Die Kinder können die „Turnhallenspiele" frei nachvollziehen.

Mit Knetgummi werden (vereinfachte) Kinder geformt. Diese reihen die Schüler gleichfalls auf und üben anhand der Verse und Lieder die Umstrukturierung von der Unordnung zur Reihung sowie die Begriffe „neben- bzw. „hintereinander" auf spielerische Art.

Medienhinweis:

Das Haftmaterial stammt wiederum vom SPECTRA-Lehrmittel-Verlag (s.o.), die Püppchen („brudermini Glieder-Püppchen") von der Firma WEHRFRITZ, Postfach 1107, 96473 Rodach bei Coburg.

Als Kinder kann man auch einfache Holzpüppchen/-figuren oder Püppchen von playmobil u.ä. nehmen.

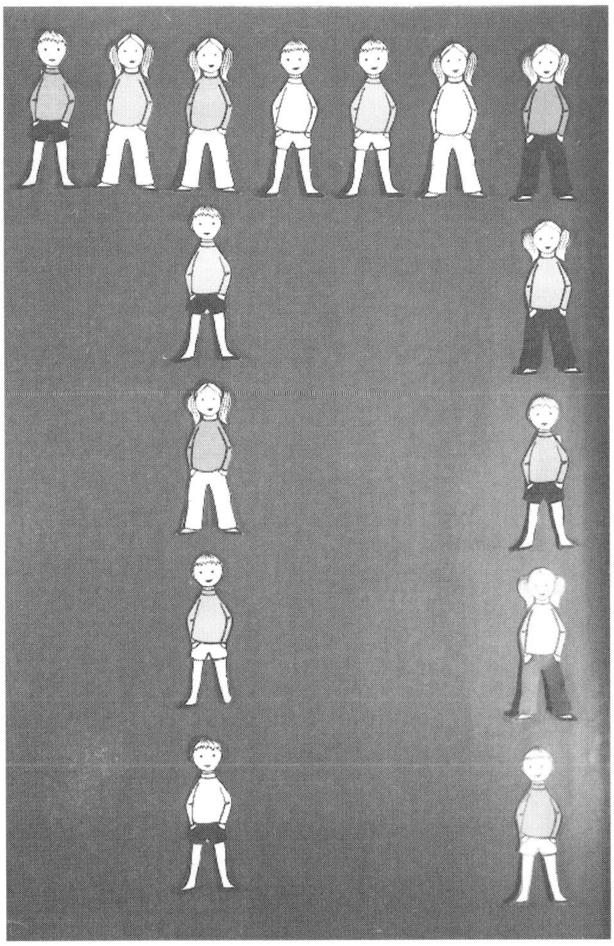

Abb. 9a

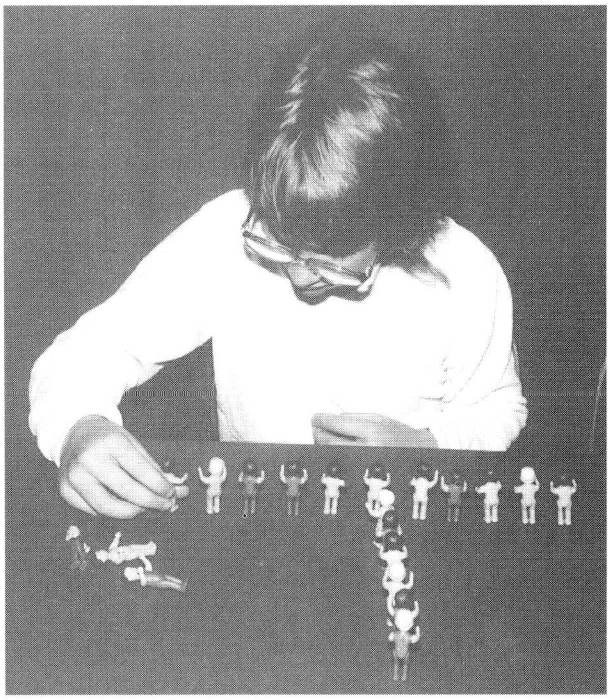

Abb. 9b

● Auf der Straße

Medien:

Bäume, Häuser, Autos, Püppchen (Spielzeugobjekte aus Holz oder anderem Material)

Durchführung:

Die Straße bietet vielerlei Anregungen zur Reihenbildung. Zunächst wird gemeinsam mit dem Lehrer (alle Schüler sitzen um einen Tisch, ggf. zwei Tische zusammenstellen) spielerisch eine „Straßensituation" aufgebaut: Häuser, Bäume, Autos, „Menschen" auf dem Bürgersteig u.ä. Danach baut jedes Kind an seinem Platz seine Straße nach. Während die Bäume und Häuser fest in der Reihung verbleiben, können Autos und „Menschen" von ungeordneten zu gereihten Positionen wechseln. Die Autos fahren 'hintereinander' und parken 'nebeneinander'.

Abb. 10

Variationen:

- Auf dem Bauernhof: Tierreihen in diversen Situationen
- Eisenbahn: Als Waggons können Lego-duplo- oder FISCHERTECHNIK-Wagen aus dem Vorschulprogramm, oder einfach Steckbausteine, z.B. DICKsche Würfel, Noppers, Legos verwendet werden.

- Im Supermarkt: Schachteln, Dosen, Flaschen u.ä. aus dem Kaufladen in „Regale" reihen/räumen
- Im Garten/beim Gärtner: Aus Knetgummi werden Blumen, Salate, Kohlköpfe u.ä. geformt und in „Beete" gesetzt.
- „Die lustige Reihe": Auf „Memory-Magnettafeln" werden Magnetfiguren in Reihen angeordnet (vgl. Abb. 11).

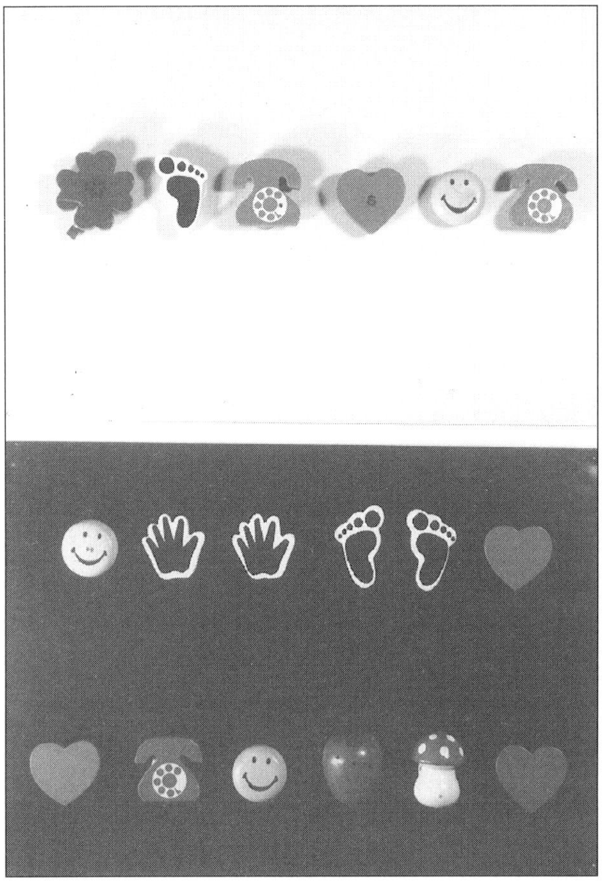

Abb.11

Differenzierungsmöglichkeiten:

An fast alle Übungsvorschläge lassen sich folgende Aufgabenstellungen zu weiteren Zahlaspekten anknüpfen:

- Auszählen der Figuren (Kardinalzahlaspekt)
- Längenvergleiche der Reihen (Maßzahlaspekt)
- 1., 2., 3., ... Haus/Tier/"Gemüse" u.ä. (Ordnungszahlaspekt)
- Autos und „Menschen" oder Tiere kommen und gehen → Additions- und Subtraktionsaufgaben (Rechenzahlaspekt).

Außerdem kann man beim Straßenbeispiel 1:1-Zuordnungen mit Haus/Baum oder Auto/"Kind" durchführen (Anbahnung des Zahlbegriffs „1").

● Blumenbeete

Vorbemerkung:

Wie bei allen o.a. unterrichtspraktischen Vorschlägen haben wir es auch hier nochmals mit einer *„zufälligen Reihung"* zu tun. Im Gegensatz zu den anschließenden *„Abfolgen"* ist dabei das einzige Kriterium die lineare Anordnung. Es spielt noch keine Rolle, wer/was neben wem/was steht/liegt. Erst bei den Abfolgen müssen bestimmte Regeln bei der Reihung berücksichtigt werden.

Geistigbehinderten Kindern fällt es erfahrungsgemäß schwer, beim Malen, Drucken, Kleben selbständig eine gerade Reihung einzuhalten. Daher werden zunächst Hilfslinien aufgezeichnet. Auch die Blattkante dient als Hilfsmittel, so daß sich schmale Papierstreifen besonders gut zum Reihenmalen eignen.

Medien:

Papier, Kork- oder Kartoffelstempel, bunte Wachsmalkreiden, Blumenabbildungen aus Pflanzenversandkatalogen, Klebepunkte und -ringe

Durchführung:

Wir „setzen" Blumen in unsere Beete, ordentlich eine neben die andere. Zunächst wird mit Korkstempeln (o.ä.) gearbeitet. Um sauberes, schnelles Stempeln zu ermöglichen, werden die Farben in damit getränkten Haushaltsschwämmchen angeboten, welche ihrerseits „schmiersicher" in leeren Quarkbehältern liegen (s. Abb. 12a).

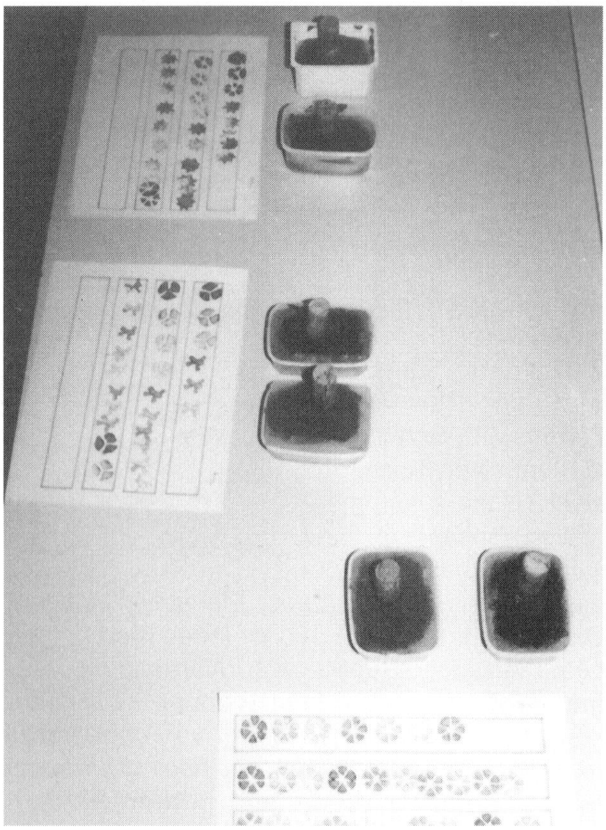

Abb. 12a

An einem anderen Tag werden Blumen aus Versandkatalogen ausgeschnitten und in „Beete gepflanzt“ bzw. in Form von Klebepunkten oder -ringen auf oder zwischen zwei Linien oder frei in Reihen geklebt bzw. mit bunten Wachskreiden gemalt (s. Abb. 12b).

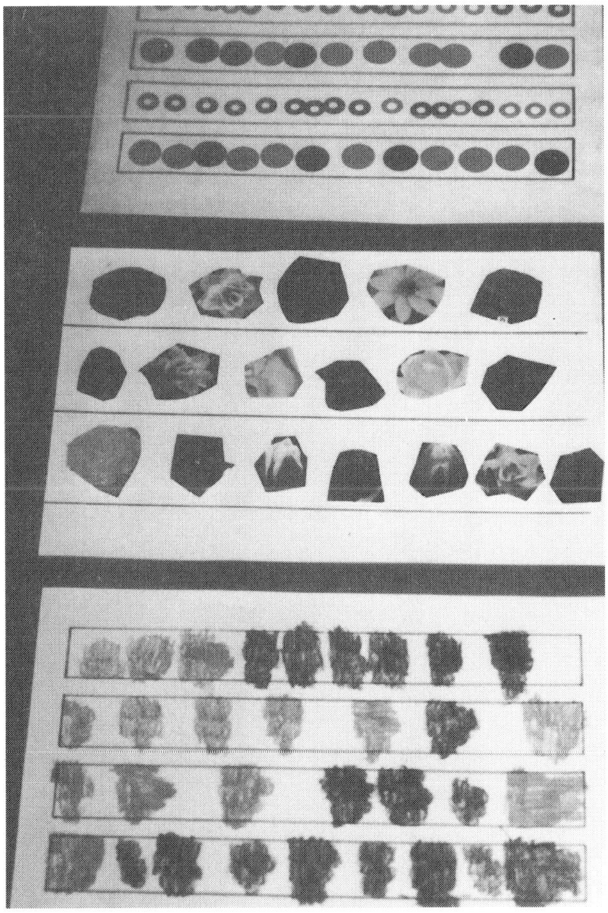

Abb. 12b

Abb. 13a

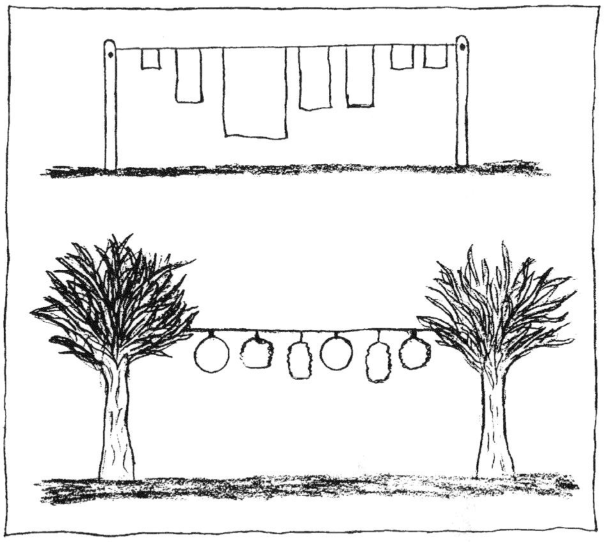

Abb. 13b

Variationen:

- Kinderbilder ausschneiden und in Reihen aufkleben (vgl. Abb. 13a)
- Wäsche aufhängen (einfache Formen wählen: großes Rechteck = Bettuch, kleineres Rechteck = Handtuch, kleines Quadrat = Taschentuch – vgl. Abb. 13b)
- Lampions an Schnur „aufhängen“ (entweder Kreise bzw. Ovale an vorgegebene Linie/Wäscheleine malen – vgl. Abb. 13b – oder bunte Verstärkungsringe/Markierungspunkte ankleben)
- „Flaschen“ (Striche) in Regale malen
- Häuserreihen (auf schmalen Papierstreifen) malen

Differenzierungsmöglichkeiten:

- Die gemalten/gedruckten/geklebten Blumen können ausgezählt werden (Kardinalzahlaspekt).
- Nach Vorgabe malen die Kinder „x“ Blumen in einer Farbe, „y“ in einer anderen usw. (Kardinalzahlaspekt).
- Es kann reihum gewürfelt werden, wieviele Blumen „pro Runde“ jedes Kind malen darf (mit zwei Würfeln ergeben sich Additionsaufgaben – Rechenzahlaspekt).
- „Wer hat als 1., 2., 3., ... sein Beet voll?“ (Ordnungszahlaspekt)

● Züge bauen

Medien:

Steckbausteine oder aneinanderhängbare Wagen/Waggons oder einfache Holzbausteine in verschiedenen Farben

Durchführung:

Wir bauen wieder Züge (vgl.: Variationen bei „Auf der Straße"), doch diesmal ist die Reihung der „Waggons" nicht zufällig. Vielmehr sollen vorgegebene Modelle (Farbabfolgen) genau nachgebildet werden. (Abb. 14)

Abb. 14

Ansporn: „ Wer schafft das?" Jeder Schüler erhält einen Musterzug („Waggons" in mindestens 2 Farben) sowie viele entsprechende Steckbausteine.

Bewältigt ein Kind das Nachbauen der gesamten Abfolge noch nicht, hilft ihm der Lehrer, indem er parallel zu ihm einen eigenen Zug konstruiert. Stein um Stein gibt er jeweils nur *einen* „Waggon" vor, das Kind sucht den entsprechenden Farbstein aus und steckt ihn an seine Zugreihe *(asynchrone Zuordnung)*. Später „hängt" der Lehrer 2 oder 3 „Waggons" auf einmal an seinen Zug an. Der Schüler baut analog dazu nach *(sukzessive* oder „verzögerte" *Zuordnung)*. Die Bausteineanzahl der vorgegebenen „Einheiten" wird erhöht, bis das Kind die ganze Abfolge ohne Lehrerhilfe nachbilden kann.

Sind die Schüler feinmotorisch so beeinträchtigt, daß sie mit dem Zusammenstecken der Steine Mühe haben, kann man auch einfache Holzbausteine oder Legosteine u.ä. aneinanderreihen lassen.

Variationen:

- Musterfolgen auf Steckbrettern bzw. Geobrettern
- Türme aus Legosteinen u.a. Steckbausteinen
- Abfolgen von farbigen Wäscheklammern an einer (zwischen zwei Stühlen gespannten) Schnur („Leine")
- Perlenketten
- Steckscheibentürme (vgl. Abb. 15)

Abb.15

Medienhinweis:

- Züge: Steine und Räder aus dem FISCHERTECHNIK Vorschulprogramm sowie „DICKsche Würfel" (Firma DICK, W., 57290 Neunkirchen; auch bei der Firma WEHRFRITZ, 96473 Rodach, erhältlich, sowie als „Systemsteckwürfel" durch GÜNTER WEBER Lehrmittel, 59174 Kamen, oder als „Steckwürfel"/"Steckkuben" durch den Lehrmittelverlag ARNULF BETZOLD, 73479 Ellwangen-Rindelbach, oder die Firma WIDMAIER, 73704 Esslingen, zu beziehen
- Steckscheibentürme: WEHRFRITZ-Scheibenspiel; die Ständer sind selbstgebaut.

● Arche Noah

Medien:

Schuhkarton o.ä. als Arche; diverse Holz- oder Gummitiere (für jedes Kind zwei pro Sorte)

Durchführung:

Der Lehrer erzählt die Bibelgeschichte von Noah und der Sintflut. Die Kinder basteln aus kleinen Schuhkartons „Archen“ (an einer Längsseite wird mit 2 Schnitten ein schmaler „Steg“ eingeschnitten und umgeklappt – vgl. Abb. 17). Jedes Kind hat eine „Arche“ vor sich und mehrere verschiedene Holz- oder Gummitiere (von jeder Sorte zwei). Die Tiere gehen nun in die „Arche“, jedoch nicht durcheinander, sondern *nach Arten geordnet.* Da der Steg schmal ist, können sie nur einzeln hochgehen. So stellen sie sich nacheinander in einer langen Reihe bzw. „Schlange“ auf. Jedes Kind bildet dieser Regel entsprechend seine Tierreihen. Dabei kann folgendes Lied (Text und Melodie: F. Reich) gesungen werden:

2. *Als das Schiff dann fertig stand, er die Arbeit gut befand;*
rief die Tiere schnell herbei: „Stellt euch auf in eine Reih'!“

3. *„In das Schiff müßt ihr hinein, bald wird großer Regen sein!“*
Schaf' und Schweine traten ein, die andern folgten hinterdrein.

4. *Bald schon regnet's weit und breit, vierzig Tage währt' die Zeit.*
Mensch' und Tier' allorts ertranken, Pflanzen, Städte, Berg' versanken.

5. *Vierzig Tage dauert's lang, dann hielt Noahs Arche an.*
Noah öffnet' schnell das Tor, die Tiere kamen all hervor.

6. *Von Bord sie liefen da geschwind, froh, daß sie am Leben sind,*
wollten nun aufs Land raus ziehn, dankten Gott und priesen ihn.

Anschließend „steigen“ die Tiere wieder in der gleichen Anordnung „aus“. Das Spiel wird nochmals durchgeführt, doch jetzt malt der Lehrer die Reihenfolge, in der die Tierpaare nacheinander auf die „Arche“ gehen sollen, an die Tafel (skizzierte Abbildung oder Symbole für die einzelnen Arten, ggf. auch Anfangsbuchstaben). Inzwischen stehen die Tiere wieder durcheinander, also nicht mehr in Reihen- und Paarordnung, und werden dann für die modifizierte Spielwiederholung erneut aufgestellt.

Abb.17

Variationen:

- Wäsche aufhängen: Puppenwäsche oder Handschuhe, Schals und Mützen der Kinder werden, nach Sorten geordnet, an einer gespannten Schnur aufgehängt.
- Knöpfe sortieren: Knöpfe einer gemischten Knopfmenge werden nach den Kriterien „gleiche Farben“ oder „gleiche Sorten“ (z.B. mit 2, mit 4 oder ohne Löcher) in Reihen angeordnet. Wenn nach der Anzahl der Löcher sortiert wird, gibt man die jeweiligen Knöpfe als Muster vor, die Zahlbegriffe müssen noch nicht vorhanden sein. Gut zum Knöpfe sortieren eignen sich die „Riesenknöpfe zum Auffädeln“ mit je 1, 2, 3 oder 4 Löchern der Firma SCHUBI, Zeppelinstr. 8, 78244 Gottmadingen.

● Die Musterschlange

Vorbemerkung:

In diesem Vorschlag sind die Abfolgen „periodisch“. Das *Nachlegen von periodischen Folgen* kann analog zum Beispiel „Züge bauen“ und den dort angegebenen Variationen erfolgen. Hier geht es um das *selbständige Fortsetzen* dieser speziellen Abfolgen mit oder ggf. auch schon ohne Vorgabe der Regel.

Medien:

Schlange als Demonstrationsobjekt, Schlangenvorlagen (aus Karton oder als Arbeitsblätter) für jedes Kind, Muggelsteine in verschiedenen Farben

Durchführung:

Der Lehrer präsentiert eine Schlange (z.B. auf Karton oder Packpapier aufgemalt und evtl. ausgeschnitten oder aus Holz ausgesägt – s. Abb. 18), die auf ihrem Rücken ein periodisches Muster (z.B. rot-grün, rot-grün, ... in Klebepunkten) trägt. Dieses ist jedoch nicht kontinuierlich durchgeführt. In der Schlangenmitte befindet sich eine größere Lücke. „Was fällt auf?“ ... „Wie müßte das Muster weitergehen?“ Ggf. erkennen einzelne Kinder schon das (einfache) Bildungsgesetz der Abfolge. Die fehlenden Punkte werden mit Muggelsteinen nachgelegt. Reihum plaziert jedes Kind den entsprechenden Stein. Alle Schüler erhalten dann eine Schlangenvorlage, auf die sie mit Muggelsteinen nach vorgegebener Regel ein Muster nachbilden (vgl. Abb. 18).

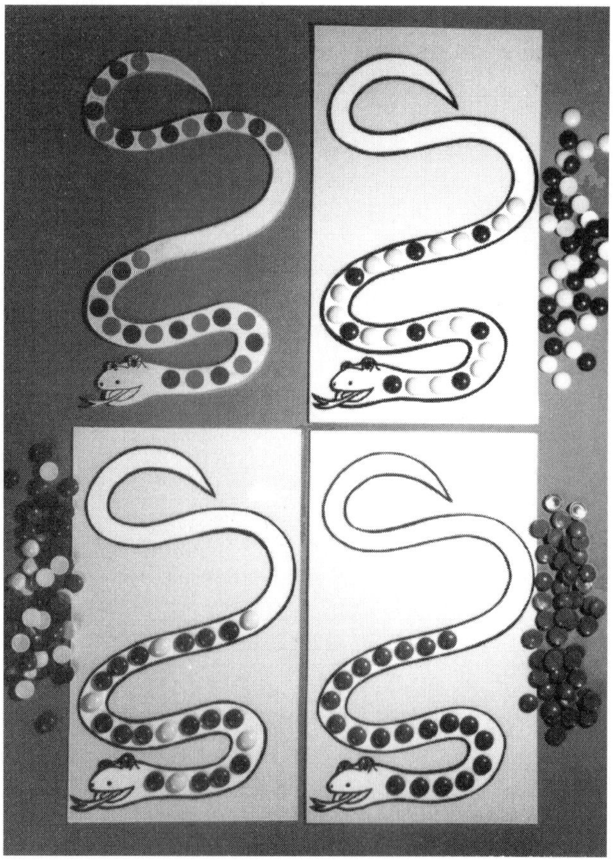

Abb.18

Variationen:

- Drachenschwanz basteln (Kreppapierstreifen werden zurechtgeschnitten und nach vorgegebener Farbabfolge an eine lange Schnur geknotet)
- Türme aus Steckbausteinen errichten
- Perlenketten auffädeln
- alle o.a. Medien (Steckbrett, Holzscheibentürme, Püppchen, Tiere, Wäscheklammern etc.) können zum Legen von periodischen Folgen verwendet werden.

Differenzierungsmöglichkeiten:

Bei diesen Vorschlägen zum Fortsetzen von periodischen Folgen kann ausgezeichnet differenziert werden:

- Schwächere Kinder können fertig vorgegebene Folgen nachlegen, wenn sie noch keine Folgen nach vorgegebener Regel selbständig fortsetzen können.

- Beim Fortsetzen der periodischen Folgen kann man den Schwierigkeitsgrad beliebig variieren, von einfachen (vgl. Demonstrationsschlange) bis hin zu schwierigen Regeln (z.B.:„3 gelbe, 1 blauer, 2 rote Steine, 3 gelbe, ..."). Die Anzahlen müssen dabei *nicht* genannt werden, es reicht die Vorlage der „Einheiten".

- Fortgeschrittene Kinder können nach Vorgabe von zwei „Einheiten" das Bildungsgesetz selbständig herausfinden, auch das eigenständige Ausdenken von periodischen Folgen macht diesen Schülern Spaß.

- Soll es noch schwieriger werden, kann man die Figuren der „logischen Blöcke" hinzunehmen und als zusätzliches Kriterium die „Form" einführen (Dreieck, Quadrat, Rechteck, Kreis).

- Kinder, welche eigentlich schon innerhalb „späterer" Unterrichtsreihen arbeiten, bekommen die *Anzahlen* der Elemente einer periodischen „Einheit" vorgegeben (Kardinalzahlaspekt) und können so z.B. periodische Folgen nach *drei* Kriterien (Farbe, Form und Größe) legen (z.B. je *2* grüne große quadratische, *3* gelbe große runde, *1* rotes kleines dreieckiges Plättchen pro „Einheit").

- Eine Aufgabe zum Ordnungszahlaspekt: „Welche Farbe hat der 5., 7., 8., ... Stein?"

● Wir malen Perlenketten

Medien:

Wandtafel, bunte Kreide, diverse vorbereitete Arbeitsblätter, Buntstifte

Durchführung:

Der Lehrer hat die Umrisse von zwei verschiedenen Perlenketten an die Tafel gezeichnet. Im ersten Fall wechseln sich runde und eckige Perlen (je eine) ab, im zweiten Beispiel sind alle Perlen rund. „Wie wollen wir die Ketten ausmalen?" Die Kinder werden vermutlich selbst Vorschläge für periodische Farbfolgen machen, da diese bereits mit konkreten Objekten geübt wurden. Bei der ersten Kette ist durch die Formvorgabe eine Hilfestellung zum Anmalen gegeben (eckige und runde Perlen in jeweils einer anderen Farbe), bei der zweiten muß das Färben nach einer noch zu bestimmenden Regel erfolgen. Gemeinsam werden die Tafelbeispiele ausgemalt (jedes Kind färbt einige Perlen).

Danach erhält jeder Schüler ein Blatt, auf dem er (je nach Vermögen) seine Kette bearbeitet (vgl. Abb. 19).

Kinder, die noch Schwierigkeiten mit dem selbständigen Fortsetzen einer vorgegebenen Regel haben, erhalten entweder eine fertig ausgemalte Vorlage, die sie abmalen oder ein (dem ersten Tafelbeispiel analoges) Blatt, auf dem die Farben durch die Formen bestimmt sind.

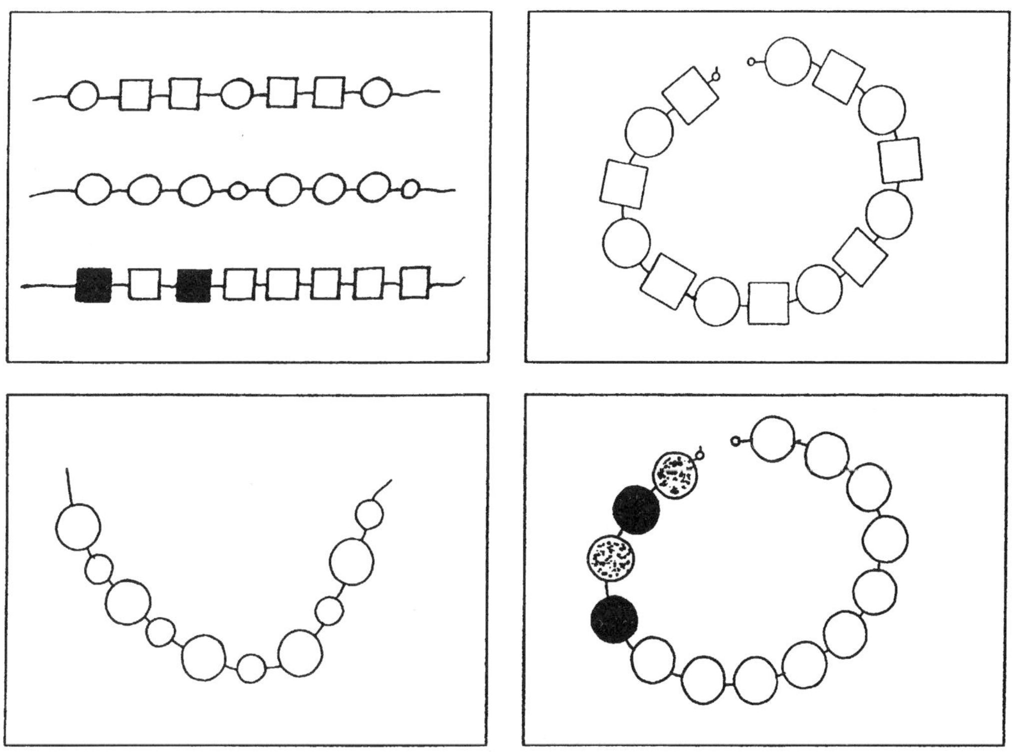

Abb. 19: verkleinerte Arbeitsblätter

Variationen:

- Arbeitsblätter mit Musterschlange (nach vorgegebener Regel die Muster ausmalen – vgl. Abb. 20)
- Arbeitsblätter mit „leerer“ Schlange (selbständig – nach der Regel – farbige Punkte oder Kreise malen oder Klebepunkte aufkleben)
- „Blumenbeete“ und „Lampionketten“ (analog zu den Beispielen bei der zufälligen Reihenbildung, doch jetzt nach vorgegebener Regel drucken/malen/kleben)
- Drachenschwanz „periodisch“ ausmalen (vgl. Abb. 20).
- Auf Blättern mit großen Karos diese nach Vorgabe einer Regel ausmalen („Teppichmuster“).

Differenzierungsmöglichkeiten:

Es bieten sich bei diesen Übungen auf der ikonischen Darstellungsebene die gleichen Differenzierungsvarianten wie bei dem Beispiel „Musterschlange“ (das noch ausschließlich mit *konkreten* Materialien durchgeführt wird) an. Insbesondere können für bessere Schüler Arbeitsblätter angeboten werden, auf denen sie begonnene periodische Folgen selbständig fortsetzen können (ohne Vorgabe der Regel). Dazu müssen sie das *Bildungsgesetz der Folge richtig identifizieren* (z.B. folgende Musterreihe fortsetzen: „+ O O + O O + O O ...“).

Abb.20

● Wer findet den Fehler?

Medien:

Magnettafel (als Wandtafel oder kleinere Demonstrationstafel), diverse Magnetfiguren, Wandtafel, Kreide, Arbeitsblätter

Durchführung:

Der Lehrer präsentiert an einer magnetischen Wandtafel oder auf einer kleineren Magnettafel eine oder mehrere periodische Folgen von Magnetfiguren, wobei in die Folge(n) Fehler eingebaut wurden (vgl. Abb. 21a). „Wer findet den/die Fehler?“

Die Schüler dürfen an der Magnettafel die Fehler korrigieren.

Anschließend malt der Lehrer eine periodische Musterfolge (z.B. aus Strichen und Kreisen) mit Kreide an die Tafel, ebenfalls mit einem (oder auch mehreren) Fehler(n). Wer von den Schülern den/einen Fehler entdeckt, darf jeweils den/die Fehler verbessern und die nächste Fehlerfolge an die Tafel zeichnen (selbst erfinden).

Später erhalten die Schüler Arbeitsblätter, auf denen sie auch wieder Fehler in den vorgegebenen periodischen Folgen finden müssen (vgl. Abb. 21b – verkleinertes Arbeitsblatt).

Abb. 21a

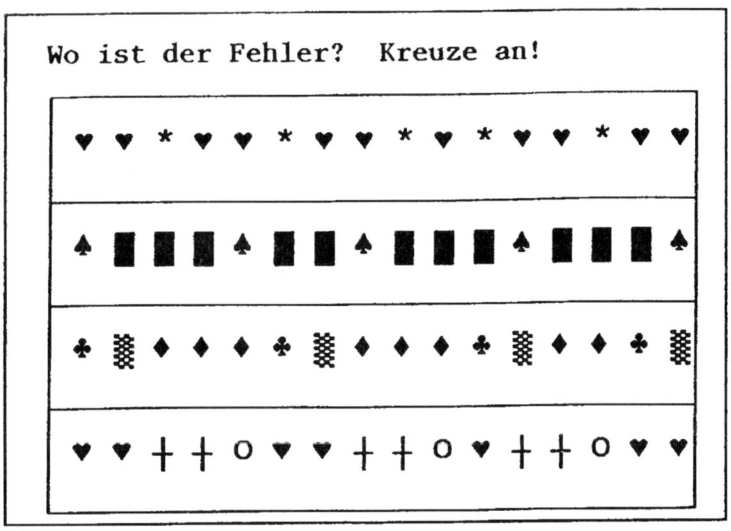

Abb. 21b

Die Unterrichtsreihe „Einführung des Zahlbegriffs '1'"

Wie ist die Reihe aufgebaut?

Ebenso wie die o.a. Unterrichtsreihe ist diese entsprechend einem sachlogischen, jedoch nicht stringenten Lernzielkatalog aufgebaut. Differenzierungsvorschläge für leistungsstärkere Schüler werden ebenfalls angegeben.

Die Unterrichtsreihe beginnt mit der ersten Stufe der Entwicklung des Zählzahlaspektes beim Kleinkind.

Bei der Beschreibung der Zählzahlgenese (in Heft A 8.1) wurde als *grundlegende Stufe* die Fähigkeit des Kindes genannt, Objekte oder Handlungen gleicher Art *einzeln* wahrzunehmen und mit Wortfolgen wie „eins, eins, noch eins, ..." oder „wieder, wieder, ..." u.ä. zu „zählen". Aufgrund des optischen Wahrnehmungsaktes ist das Erkennen der Einheit „eins" bei der Zuordnung von je einem Zahlwort (eins, eins ...) zu je einem *Objekt* (konkreter Gegenstand) leichter als die Zuordnung des Zahlwortes zu je einer *Handlung/ Bewegung,* die nicht sichtbar und faßbar erhalten bleibt. In beiden Fällen muß das Kind den Zahlbegriff „1" noch nicht voll erfaßt haben. Das angewandte iterative Wort kann noch von „unbestimmt quantitativem" (im Sinne von „mehr, mehr, ...") oder handlungsmäßigem Charakter („nochmal, nochmal, ...") sein. Über diesen „Zählvorgang" läßt sich jedoch allmählich ein Verständnis des Zahlbegriffs „1" anbahnen.

Außer über die 1. Stufe der Zählzahlentwicklung wird der Zahlbegriff „1" in der folgenden Unterrichtsreihe über die Stück-für-Stück-Korrespondenz (1:1-Zuordnung) und die Differenzierung zwischen „eins" und „viele" erarbeitet.

Hinsichtlich der 1:1-Zuordnung unterscheidet man zwischen der *provozierten* und der *spontanen* Korrespondenz (PIAGET/SZEMINSKA 1975, 62). Bei der ersten Form, der *provozierten Korrespondenz,* sind die einander zuzuordnenden Objekte heterogen, also andersartig, aber „qualitativ komplementär", d.h. es besteht eine enge Sinnverbindung, eine „natürliche" Zusammengehörigkeit zwischen ihnen (z.B. Zuordnung zwischen Eiern und Eierbechern – vgl. Abb. 22a). Im zweiten Fall, der *spontanen Korrespondenz,* sind die Objekte homogen (gleichartig), also nicht deutlich sinnverwandt (z.B. 2 Mengen mit Muggelsteinen – vgl. Abb. 22b). Da diese zweite Korrespondenzform durch die Gleichartigkeit der zuzuordnenden Elemente wahrnehmungsmäßig stark auf den Zahlbegriff „2" hinzielt, somit die Kinder verwirren kann, beschränken wir uns hier auf die provozierte Korrespondenz.

Bei der Differenzierung zwischen *„eins"* und *„viele"* tritt das Element als *Einheit* in Beziehung zur noch *unbestimmten* Menge.

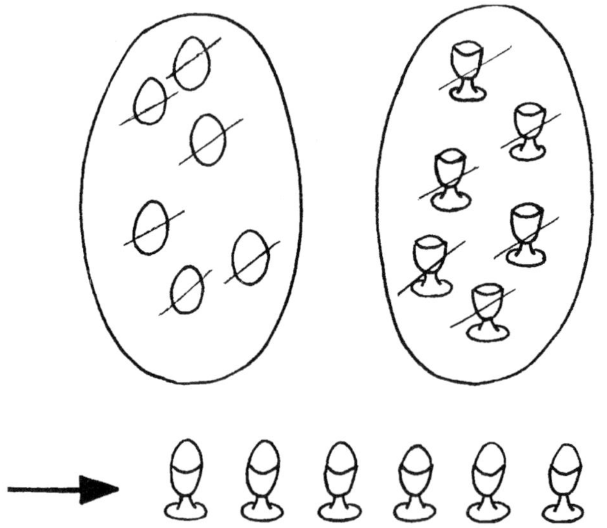

Abb.22a

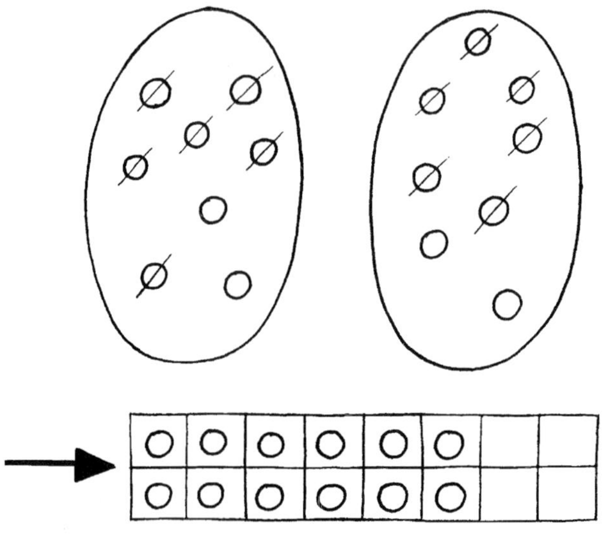

Abb. 22b

Die Lernziele der Unterrichtsreihe

Die Schüler sollen

- Elemente einer homogenen Menge einzeln wahrnehmen und mit Wortfolgen wie „eins, noch eins, ..." o.ä. „zählen"
- die Zähleinheit „eins" bei iterativen (sich wiederholenden) Handlungen wahrnehmen und durch Zuordnung von je einem Zählwort (s.o.) zu je einer Bewegung ausdrücken

- provozierte 1:1-Zuordnungen mit konkreten Objekten vornehmen
- provozierte 1:1-Zuordnungen auf ikonischer Darstellungsebene vornehmen
- die Begriffe „eins“ und „viele“ durch Zuordnung von einem bzw. vielen Objekt(en) zu vorgegebenen Beispielen unterscheiden (Sortierübungen)
- Mengen nach der Vorgabe „eins“ bzw. „viele“ herstellen
- vorgegebene Beispiele mit den richtigen Begriffen benennen
- Mengen nach der Vorgabe „eins“ bzw. „viele“ auf ikonischer Darstellungsebene bilden

Übungsfundus

● Wir räumen unsere Bausteine ein

Medien:

Bausteine aus Holz oder Steckbausteine, Behälter (Eimer, Kiste oder leere Waschmitteltonne u.ä.)

Durchführung:

Das Aufräumen der Bausteine (z.B. nach dem Freispiel) kann genutzt werden, um den Kindern erste Erfahrungen mit der Zähleinheit „eins“ zu vermitteln. Zunächst sollte der Lehrer mit jeweils nur einem Schüler arbeiten. „Heute räumen wir einmal anders auf. Du nimmst immer nur *einen* Stein und wirfst ihn in die Tonne. Schau so! Eins, eins, eins, ... „. Der Lehrer führt dem Kind ggf. anfangs den Arm und/oder gibt ihm je einen Baustein in die Hand. In jedem Fall spricht er (in Kommandoart) immer „eins, eins, eins, ...“ dazu. Bald verbalisiert das Kind mit, bis ihm schließlich ohne Lehrerhilfe die richtige Koordination von Stein/ Zählwort und Handlung (werfen) gelingt.

Abb. 23

Variationen:

- Wir räumen das Besteck in die Schublade.
- Wir räumen das Geschirr in den Schrank.

● Die Guten ins Töpfchen

Medien:

kleine Schüssel o.ä., getrocknete Erbsen oder Kichererbsen

Durchführung:

Der Lehrer hat das Märchen von Aschenputtel erzählt. Nun dürfen die Schüler Täubchen spielen und Erbsen „zählen“. Jedes Kind erhält ein leeres Gefäß (kleine Schüssel, Joghurtbecher o.ä.) und eine Handvoll Erbsen auf den Tisch gelegt. Diese „zählt“ es (halblaut) mit „eins, eins, ...“ Stück um Stück in seinen Behälter.

Abb. 24

Variationen:

- „Kassierer“ spielen (die Kinder „zählen“ Pfennige aus der Kaufladenkasse oder dem Einsatz einer alten Kaufmannskasse auf den Tisch)
- Perlen auffädeln, dabei „zählen“
- Püppchen, Holztiere und andere homogene Materialien aus der Unterrichtsreihe „Reihenbegriff und Reihenbildung“ „zählend“ aufreihen.

● „Ich bin ein Musikante“

Vorbemerkung:

Das Zählen von iterativen, d.h. sich regelmäßig wiederholenden Handlungen/Bewegungen (mit *Anzahl*bestimmung!) ist dem Operatoraspekt des Zahlbegriffs zuzuordnen. Hier geht es jedoch noch nicht um diesen Zahlaspekt sondern nur um das Erfassen von Zähl*einheiten*[3].

Medien:

Schlaginstrumente wie Klangstäbe (Einzelresonatoren), Handtrommel, Tamburin, Holzblocktrommel, Claves (Schlagstäbe) u.ä.

Durchführung:

Jedes Kind erhält ein Schlaginstrument. Im Wechsel singen je ein Kind bzw. alle Kinder untenstehendes Lied (Abb. 25a – Melodie: volkstümlich,

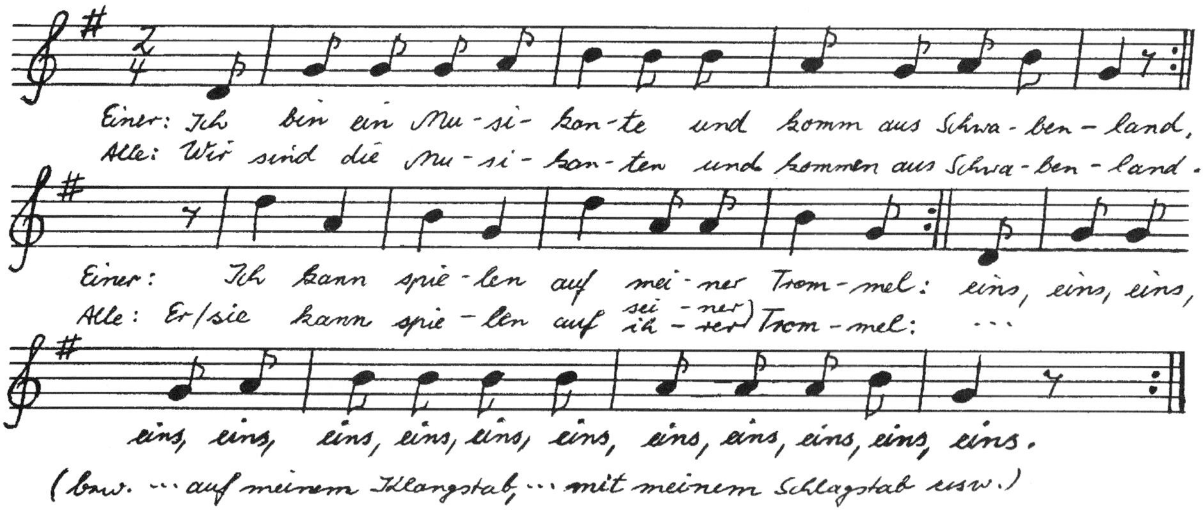

Abb. 25a

Text: Modifizierung des Volksliedes). Ggf. hilft der Lehrer dem jeweiligen Solisten bei seiner Ausführung, bis dieser die Koordination von Schlag und Zählwort („eins“) beherrscht. Fortgeschrittene Kinder können noch im Rhythmus dazu gehen (vgl. Abb. 25b).

Variationen:

- Man kann die Kinder auch auf Kantelen oder Kinderleiern (Saiteninstrumente – s. Abb. 26, S. 29) oder einzeln auf dem Klavier spielen lassen.
- Die Schüler marschieren (Musikkapelle oder Soldaten), hüpfen (Vögelchen), stampfen (Riesen) etc. „zählend“.

Abb. 25b

● „Brüderchen, komm tanz mit mir!“

Vorbemerkung:

Die 1:1-Zuordnung enthält durch die Paarbildung anschauungsmäßig auch den Zahlbegriff „2“. Bei den folgenden Beispielen wird jedoch durch das Arbeiten mit heterogenen Mengen und provozierten Zuordnungen von je einem Objekt/einer Person zu einem/einer *anderen* (im Gegensatz zur 1:1-Zuordnung von homogenen Mengen) die *Einheit* der jeweiligen Personen/Dinge deutlich hervorgehoben.

---

[3] Der Operatoraspekt des Zahlbegriffs wird in Heft A 8.3 („Geistigbehinderte lernen zählen“) erarbeitet.

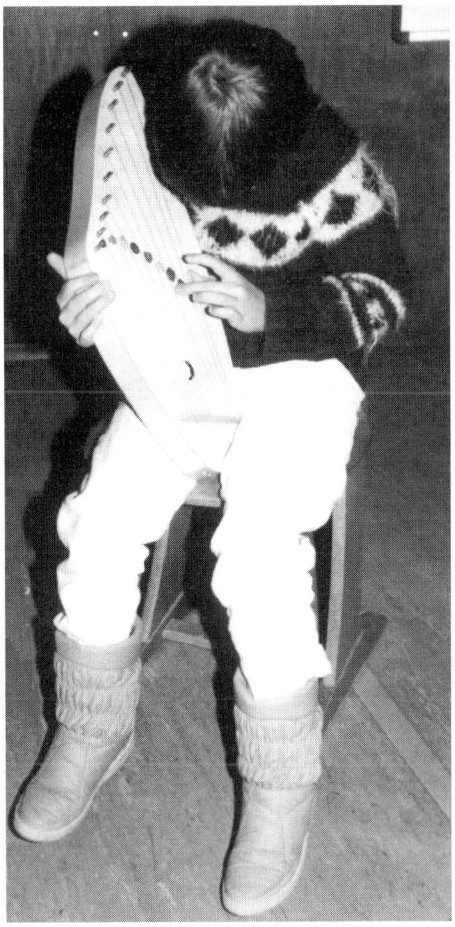

Abb. 26

Raum/Medien:

Turnhalle oder Klassenzimmer; kleine Püppchen, deutlich nach „Junge“ und „Mädchen“ oder in der Farbe unterscheidbar (2 Farben)

Durchführung:

Je nach Klassengröße wird in der Turnhalle oder im Klassenzimmer gespielt. Alle Jungen der Klasse stellen sich in einer Reihe auf, alle Mädchen diesen gegenüber. Je *ein* Junge und *ein* Mädchen („ein“ wird verbal vom Lehrer betont) reichen sich die Hände und singen/spielen folgendes Lied (Abb. 27 – Text und Melodie: volkstümlich). Die übrigbleibenden Kinder (bei ungleicher Verteilung in der Klasse) schauen zu. Danach wird gewechselt.

Am Tisch wird die Situation mit Püppchen nachgespielt. Je *ein* „Junge“ und *ein* „Mädchen“ werden in einer langen Reihe zusammengestellt (vgl. Abb. 28, S. 30; hier sind nur deshalb *zwei* Püppchendoppelreihen abgebildet, um die möglichen Medienalternativen zu zeigen. Man sollte die Schüler selbstverständlich *nur eine Reihe* aufstellen lassen, um wahrnehmungsmäßig nicht den Zahlbegriff „2“ zu provozieren).

2. Mit den Händchen klapp, klapp, klapp,
mit den Füßchen trapp, trapp, trapp.
Einmal hin, einmal her …

3. Mit dem Köpfchen nick, nick, nick,
mit dem Fingerchen tick, tick, tick.
Einmal hin, einmal her …

Abb. 27

Abb. 28

Medienhinweis:

Püppchen: „Kinder" der playmobil-Serie und „bruder-mini-Glieder-Püppchen", Firma WEHRFRITZ, Postfach 1107, 96473 Rodach bei Coburg

● Das zweite Frühstück

Medien:

Platzdeckchen, Becher, Gläser oder Milchtüten, Strohhalme, Tassen und Untertassen, Äpfel, Möhren, Kiwis oder Brote u.ä.

Durchführung:

In vielen Schulen erhalten die Kinder zur Pausenzeit ihr „2. Frühstück". Dieses bietet ausgezeichnete Gelegenheiten, die Stück-für-Stück-Zuordnung zu üben. Ein Kind verteilt die Platzdeckchen: Jeder Schüler erhält *ein* Set. Ein anderes Kind stellt die Becher/Gläser bereit und setzt in jeden Becher *einen* Strohhalm (vgl. Abb. 29a) oder legt *einen* zu jeder Milchtüte. Ebenso wird jedem Schüler *ein* Apfel oder *eine* Möhre oder *ein* Honigbrot u.ä. verteilt. Ein anderes Mal trinken wir „Kinderkaffee" und decken Kaffeetassen mit Untertellern (vgl. Abb. 29b) oder ordnen zu je *einer* Kiwi *einen* Kaffeelöffel usw.

Abb. 29a

Abb. 29b

Variationen:

- Im Turnsaal (zu jedem Kind 1 Ball bzw. 1 Springseil bzw. 1 Reifen bzw. 1 Sandsäckchen u.ä.)
- „Auf der Straße" (zu jedem Haus 1 Baum, zu jedem Lastwagen 1 Anhänger – vgl. Abb. 30, S. 31 –, zu jedem Auto eine Garage usw.)
- Puppenhaus (zu jedem Püppchen 1 Stuhl bzw. 1 Bett bzw. 1 Auto bzw. 1 Hut u.ä.)

Medienhinweis:

Lastwagen und Anhänger: Haftmaterialien von SPECTRA-Lehrmittel-Verlag KG, Beckenkamp 25, 46286 Dorsten.

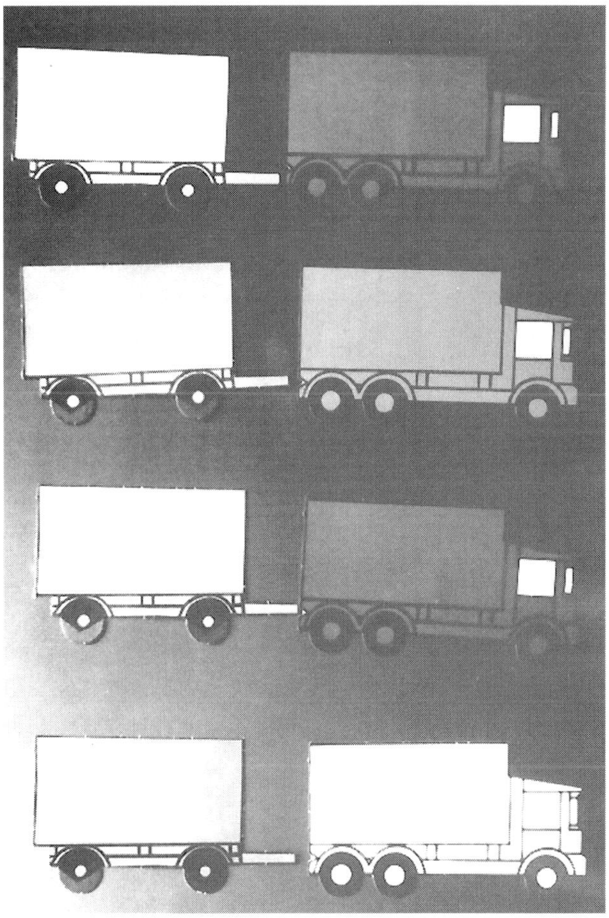

Abb. 30

rohmasse) mit. Die Schüler dürfen „Pralinenbäcker" spielen. Sie formen aus der Masse kleine Kugeln, wenden sie in einer Schüssel mit Schokoladenstreusel oder Kakao und setzen dann stets *eine* Praline in *ein* Papierförmchen.

In einer anderen Stunde bilden die Kinder „Pralinenkugeln" aus Knetwachs oder legen je einen Muggelstein (als Praline) in *ein* Förmchen.

Abb. 31

● Pralinenbäcker

Medien:

Pralinenmasse oder Marzipanrohmasse, Schokostreusel oder Kakao, Pralinenförmchen, Knetgummi/Knetwachs, Muggelsteine

Durchführung:

Der Lehrer bringt die zu Hause vorbereitete Pralinenmasse (selbst hergestellte oder Marzipanrohmasse) mit.

Variationen:

- „Gärtnerspiel": Die Schüler pflanzen je eine Blume/Grünpflanze in einen Blumentopf bzw. spielen die Situation mit Holzstäbchen als Blumen und Filmdosen als Blumentöpfe nach.
- „Medikamentenverteilung": Die Kinder sind „Krankenschwestern" im Krankenhaus und verteilen je eine „Pille" (Muggelstein) in ein „Pillendosierbecherchen".

Abb. 32

Differenzierungsmöglichkeiten:

- Reihen legen (mit den Papierförmchen samt Inhalt)
- Periodische Abfolgen legen (nach Farben der Förmchen)
- *Eine* Praline hat *viele* Schokostreusel (Differenzierung „eins“ und „viele“).
- „Wieviele Pralinen hat jeder gemacht? Zählt!“ (Kardinalzahlaspekt)
- Bündelungsaufgaben drängen sich bei der „Pralinenbäckerei“ geradezu auf: je 6, 8 oder 10 Pralinen werden in kleine Kartons oder auf Pappteller (mit Klarsichtfoliengeschenkpapier und schöner Schleife) verpackt, um auf dem Basar verkauft oder den Eltern, Geschwistern u.a. verschenkt zu werden. (Kardinalzahlsapekt)
- Additions- und Subtraktionsaufgaben, wenn neue Pralinen geformt bzw. schon einige verpackt werden (Rechenzahlaspekt)

● „Der Glaser setzt die Scheiben ein“

Vorbemerkung:

Bei diesem Vorschlag wird die 1:1-Zuordnung auf bildlicher Darstellungsebene vorgenommen. Die Stück-für-Stück-Korrespondenz mit *Verbindungslinien* zwischen zwei korrespondierenden Objekten soll hier noch *nicht* erfolgen, da sie wie die spontane Korrespondenz stark zu einer Anschauung des Zahlbegriffs „2“ verleitet.[4]

Medien:

Arbeitsblätter, Buntstifte oder bunte Filzstifte, Klebepunkte

Durchführung:

Die Schüler haben das bekannte Lied „Wer will fleißige Handwerker sehn“ gesungen und gespielt. Heute sind sie Glaser, singen die Strophe „... o, wie fein, o, wie fein, der Glaser setzt die Scheiben ein“ und malen auf Arbeitsblättern (mit Häuserreihen) in jedes Haus ein „Fenster“ (Kreis oder Quadrat) bzw. kleben je einen bunten Punkt hinein (vgl. verkleinertes, bearbeitetes Arbeitsblatt in Abb. 33).

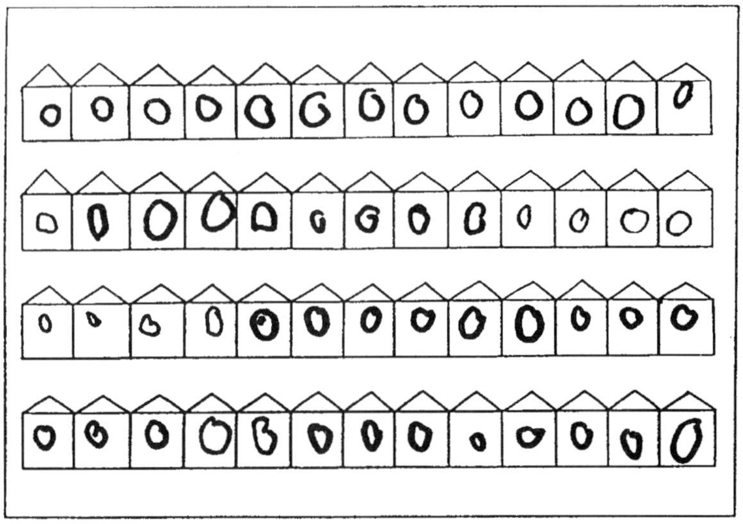

Abb. 33

Variationen:

- Auf jeden „Teller“ (große Kreise auf Arbeitsblatt vorgegeben) ein „Plätzchen“ (kleiner Kreis) malen oder kleben
- Auf jeden „Teller“ (Seitenansicht von Tellern vorgegeben) ein „Kuchenstück“ (senkrechter Strich oder Rechteck) zeichnen
- Zu jedem Auto (auf Arbeitsblatt sind Autos in einer Reihe vorgezeichnet) eine Garage oder einen Parkplatz (Rechteck) malen
- Zu jedem Kind (auf Arbeitsblatt vorgegeben) einen Ball oder einen Apfel zeichnen
- Aus jedem Fenster eines gemalten Hauses schaut ein Kind heraus (Kopf in Fenster zeichnen, ggf. nur Kreis – vgl. Abb. 34, S. 33).
- Einkreisen: Auf Arbeitsblättern, auf denen verschiedene Dinge gezeichnet sind, wird um jeden Gegenstand/je *ein* Objekt *ein* Kreis gemalt (vgl. Abb. 34, verkleinerte Arbeitsblätter).

● „Eins“ und „viele“

Medien:

Behälter, z.B. Glas, Dose u.ä., eine Vielzahl homogener Materialien wie Nüsse oder Kastanien, Rosinen, Erbsen, Bohnen, Knöpfe, Muggelsteine u.a.

Durchführung:

Der Lehrer nimmt aus einem Behälter mit beispielsweise vielen Nüssen eine heraus, zeigt sie den Kindern und verbalisiert: „Dies ist *eine* Nuß, hier im Glas sind *viele* Nüsse.“ Darauf fordert er die Schüler nacheinander auf, ihm je eine Nuß aus dem Behälter zu holen. Gibt ihm ein Kind mehrere Nüsse auf einmal, legt er die überzähligen in das Glas zurück und eine Nuß auf die

[4] Die Verbindungslinien beim Mengenvergleich werden erst bei der Erarbeitung des Kardinalzahlaspektes in Heft A 8.5 „Geistigbehinderte lernen Anzahlen erfassen“ eingeführt

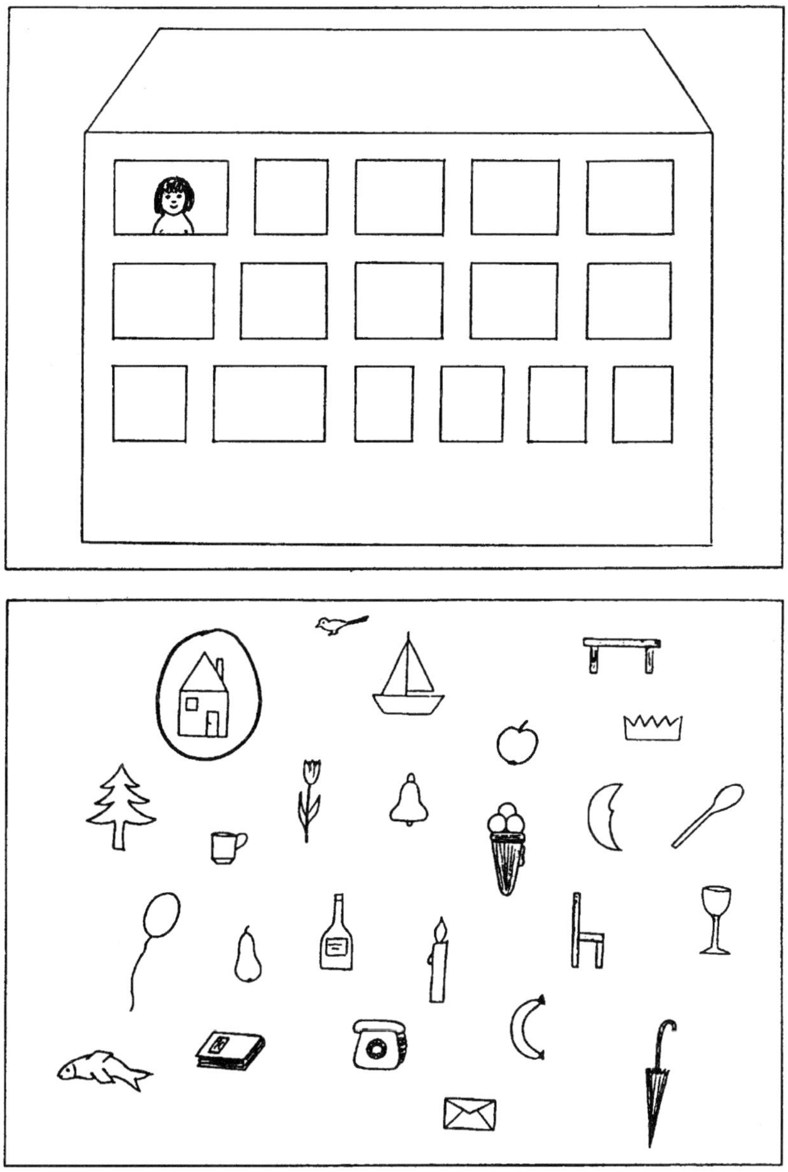

Abb. 34

Hand des Kindes: „Das ist *eine* Nuß“. Zwischendurch betont er immer wieder, daß im Glas viele Nüsse sind oder fragt die Schüler: „Wo ist eine? Wo sind viele?“ Dies wird mit mehreren Medien geübt, wobei die Fehlerquote erfahrungsgemäß zunimmt, je kleiner die Dinge sind. Die Gefahr, bei Erbsen z.B. statt einer zwei oder drei aus dem Behälter zu holen, liegt weniger in der größeren feinmotorischen Anforderung begründet als offensichtlich in der Tatsache, daß eine Nuß wahrnehmungsmäßig leichter als „Einheit“ zu erfassen ist als eine kleine Erbse.

Variationen:

- „Rosinenraten“: Der Lehrer holt aus einem Behälter vor den Augen der Schüler eine Handvoll Rosinen, verteilt sie hinter seinem Rücken auf beide Hände in „eins“ und „viele“ und fragt ein Kind: „In welcher Hand habe ich eine Rosine (bzw. viele Rosinen)?“. Er zeigt diesem die entsprechende Hand, und das Kind muß selbständig entscheiden, ob es richtig geraten hat. Hat es sowohl korrekt geraten als auch „eins“ bzw. „viele“ richtig identifiziert, darf es die Rosinen behalten sowie nach Beendigung des Spiels (mehrere Runden) essen. Nacheinander kommt jeder Schüler an die Reihe.
- „Bohnenknobeln“: Jedes Kind erhält ca. zehn Bohnen, die es hinter seinem Rücken oder unter dem Tisch auf beide Hände in „eins“ und „viele“ verteilt (ggf. mit Lehrerhilfe). Es streckt seinem Nachbarn die geschlossenen Hände hin und fragt: „Wo habe ich eine Bohne?“. Hat dieser richtig geraten, sowie auch die Korrektheit seines Ratens alleine erkannt, behält das Kind seine Bohnen. War die Antwort des Nachbarn falsch, muß dieser die eine Bohne zu seinen tun. Nun kommt der Nachbar an die Reihe usf. Wer am Schluß die wenigsten Bohnen hat, hat gewonnen. (Es ergibt sich für fortgeschrittene Schüler die Aufgabe, dies auszuzählen.)

● „Es gibt nur einen Mond“

Medien:

Tafel, bunte Kreide, Spielkarten mit aufgemalten Objekten (je „eins“ bzw. „viele“ analog zu den Strophen des folgenden Liedes)

Durchführung:

Die Schüler lernen folgendes Lied (Text und Melodie von Barbara BÖKE):

Es gibt nur einen Mond („Eins” und „viele”)

2. An einem einzigen Baum, da sind viele Blätter.
3. Ich habe einen Kopf, aber viele Haare.
4. Ein einz'ger kleiner Vogel, der hat viele Federn.
5. In einem einz'gen See, da sind viele Tropfen Wasser.
6. In einem einz'gen Buch, da sind viele Seiten.
7. An einer einz'gen Tanne, da sind viele Nadeln.
8. Ein einz'ges kleines Lied, das hat viele Töne.

aus: B. Böke, Lernspiele 2, Fidula-Verlag Boppard/Rhein und Salzburg

Der Lehrer malt dazu die entsprechenden Bilder mit bunter Kreide an die Wandtafel. Gerne denken sich vor allem die fortgeschrittenen Kinder auch neue Strophen aus (selbständig Beispiele zu „eins“ und „viele“ finden). So entstanden in einer Klasse u.a. noch folgende Strophen:

- Ich habe *einen* Mund, drin sind *viele* ... Zähne.
- Auf *einem* einz'gen Baum sitzen *viele* ... Vögel.
- Auf *einer* großen Wiese wachsen *viele* ... Blumen.
- An *einem* großen Himmel ziehen *viele* ... Wolken.
- An *einem* einz'gen Haus, da sind *viele* ... Fenster.
- Auf *einem* einz'gen Ast, sitzen *viele* ... Vögel.
- In *einem* einz'gen Topf, da sind *viele* ... Erbsen.
- In *einer* einz'gen Tüte, da sind *viele* ... Bonbons.

Beim Singen werden die Wörter „einen/einer/einem“ sowie „viele“ besonders betont.

An einem anderen Tag singt jedes Kind zu den Tafelbildern eine (entsprechende) Strophe des Liedes.

Variationen:

- Auf kleine weiße Karteikarten hat der Lehrer, ggf. gemeinsam mit den Kindern, die Beispiele des Liedes für „eins“ und „viele“ (einschließlich der selbsterdachten) aufgemalt. Jeder Schüler erhält einige Karten, die er fächerartig (ggf. Lehrerhilfe) vor sich hält. Die Strophen des Liedes werden nacheinander gesungen, wobei jedes Kind unter seinen Karten die betreffende heraussucht und auf den Tisch ablegt. Dort bilden sich so zwei Haufen: Auf einem liegen alle Karten mit „einem“, auf dem andern die mit „vielen“ Objekten, analog zu den Liedstrophen.

- Auf dem Tisch stehen zwei Sortierkästchen mit Kennzeichnung „eins“ und „viele“ (Punkte). Jedes Kind hat eine Reihe der o.a. Karten verdeckt vor sich liegen. Reihum werden je eine Karte aufgedeckt und in das richtige Kästchen abgelegt. Wer falsch ablegt, muß die Karte zurücknehmen und unter seine Karten legen (vgl. Abb. 36).
- In den beiden Sortierkästchen liegen die Karten verteilt, jedoch z.T. fehlerhaft. In Einzelarbeit kann ein Kind die Karten wieder richtig zuordnen.

Abb. 36

● **Punktekarten**

Medien:

Spielkarten mit einem oder vielen Punkten

Durchführung:

Der Lehrer hat mit den Schülern auf kleine weiße Karteikarten bunte Punkte geklebt, ca. 20 – 30 Karten mit je einem Punkt sowie die gleiche Anzahl mit je vielen Punkten. Diese liegen offen oder verdeckt (gemischt!) auf einem Haufen in der Mitte des Tisches, um den die Kinder sitzen (ggf. 2 Tische zusammenstellen). Der Lehrer nimmt die erste Karte auf, sagt, ob *ein* oder *viele* Punkte auf der Karte sind und legt diese offen vor sich auf den Tisch. Nacheinander nimmt jedes Kind eine Karte auf, identifiziert die Punkteanzahl und legt die Karte vor sich ab. Bei jedem Kind bilden sich so zwei Haufen, sortiert nach „eins“ und „viele“ (vgl. Abb. 37, S. 36).

Variationen:

- Die Karten liegen verdeckt auf dem Tisch. Nacheinander nimmt jeder Schüler je eine Karte auf und legt sie richtig in einem von zwei gekennzeichneten Sortierkästchen ab (s. bei „Es gibt nur einen Mond“).
- Jedes Kind erhält ca. 5 – 8 Karten, die es offen vor sich auslegen darf. Der Lehrer ruft „eins“ oder „viele“, und alle Kinder müssen schnell aus ihren Karten die entsprechenden heraussuchen und dem Lehrer geben.
- Jeder Schüler hat einen Haufen Karten verdeckt vor sich liegen. Ein Kind dreht seine oberste Karte um und sagt entsprechend: „eins“ oder „viele“. Die übrigen Kinder müssen nun alle *gleichzeitig* ihre oberste Karte aufdecken (auf Kommando: „jetzt“ o.ä.), jedoch nur diejenigen, welche die gleiche Karte wie das erste Kind haben, dürfen laut „eins“ (bzw. „viele“) ru-

Abb. 37

fen und diese dann in der Tischmitte ablegen. Wer falsch ruft, muß seine Karte behalten und unter seinem Haufen plazieren. Nun deckt der nächste Schüler seine oberste Karte auf. Die anderen ziehen wieder auf Kommando gemeinsam nach. Sieger ist, wer zuerst keine Karten mehr hat.

Differenzierungsmöglichkeiten:

- Die Karten eignen sich sowohl zum Reihenlegen (schwächere Schüler) als auch zum Legen von periodischen Abfolgen (z.B. vorgegebener Wechsel zwischen 2 Karten mit je 1 Punkt, 1 Karte mit vielen Punkten, 2 Karten mit je 1 Punkt, 1 Karte mit vielen Punkten, ... legen bzw. fortsetzen).
- Es kann *aus*gezählt werden, wieviele Karten jedes Kind hat bzw. noch hat, wieviele auf der Tischmitte liegen usw. (Kardinalzahlaspekt).
- Eine vorgegebene Anzahl von Karten kann beim Austeilen *ab*gezählt werden (Kardinalzahlaspekt).
- Additionsaufgaben ergeben sich durch Zusammenzählen der Kartenanzahlen (von *jedem* Kind) sowohl mit einem als auch mit vielen Punkten (Rechenzahlaspekt).
- Man kann die Reihenfolge der Kinder beim Kartenaufdecken auszählen und mit 1., 2., 3., ... an die Tafel schreiben (Ordnungszahlaspekt).
- Höhenvergleiche zwischen Kartenhaufen können vorgenommen und zur Kontrolle auszählend ermittelt werden (Maßzahlaspekt).

● Wir malen „eins" und „viele"

Medien:

Wandtafel, bunte Kreide, diverse Arbeitsblätter

Durchführung:

Der Lehrer zeichnet die Umrisse eines Baumes sowie einer Leiter an die Tafel. Nacheinander darf jedes Kind entsprechend seiner Anweisung auf das Tafelbild folgendes malen: *viele* Äpfel an den Baum, *einen* Korb auf den Boden, *viele* Sprossen in die Leiter, *viele* Blumen auf die Wiese, *eine Sonne* an den Himmel, *viele* Wolken, *einen* Vogel, *viele* Blätter an den Baum, *ein* Kind, usw. Jeder Schüler erhält später ein Arbeitsblatt, auf dem er analog die Dinge des Tafelbeispiels (nach Lehrervorgabe) malen kann.

Variationen:

- Für Kinder, die noch nichts selbständig malen können, werden auf einem Blatt in mehreren Kästchen Abbildungen von einem bzw. vielen Objekten gezeichnet. Das Kind muß dann nur noch das entsprechende Kästchen nach Vorgabe des Lehrers kennzeichnen, z.B.: „Male alle Kästchen, in denen *viele* Dinge sind, an!" (vgl. Abb. 38, S. 37; verkleinerte Arbeitsblätter)
- Neben vorgegebene Zeichnungen werden entsprechend *ein* Punkt bzw. *viele* Punkte gemalt (vgl. Abb. 38, S. 37).

Wo sind viele? Male die Kästchen aus!

Male einen bzw. viele Punkt(e)!

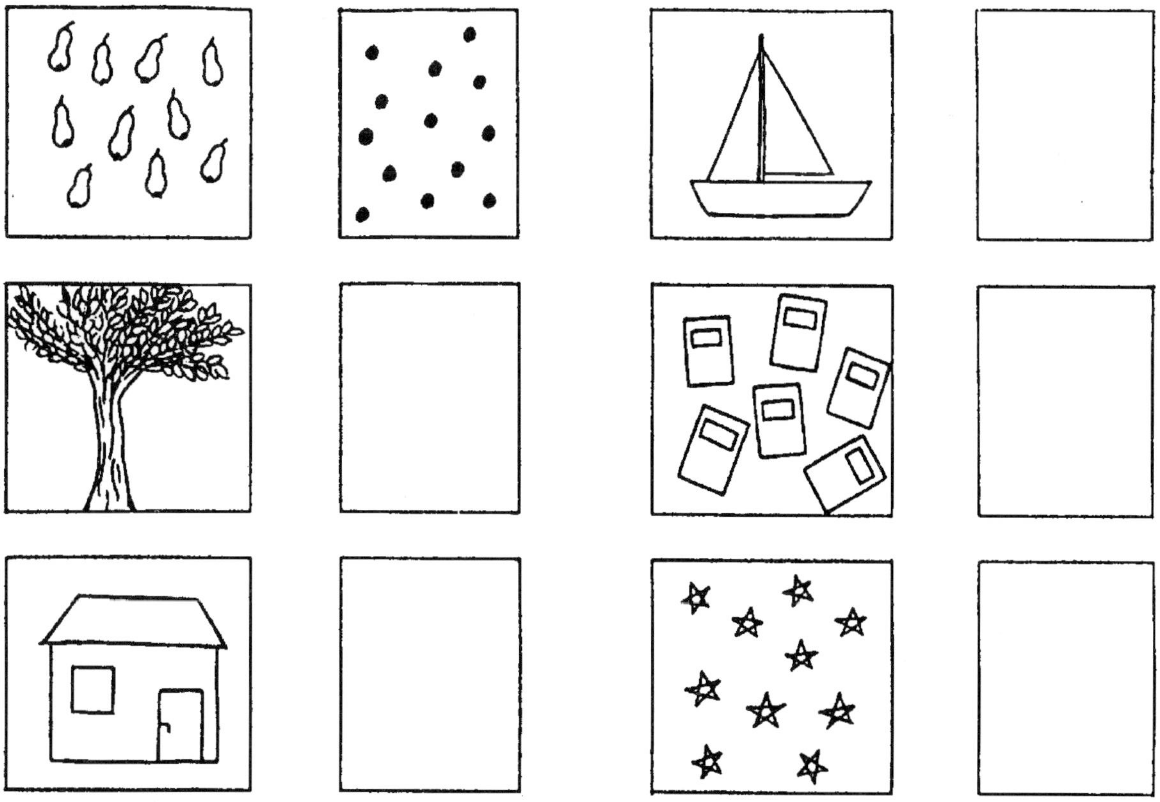

Abb. 38

Glossar

Abfolgen: Reihung von Objekten nach vorgegebener Regel; wiederholen sich dabei die Einzelsegmente der Reihe immer wieder, handelt es sich um periodische Folgen (↑).

abstraktes Zählen: rein verbales Zählen ohne Bezug zu Zählobjekten; das korrekte Aufsagen der Zahlwortreihe erfordert lediglich ein gutes auditives Gedächtnis, jedoch noch keine Zahlvorstellung.

algebraische Struktur: eine Menge von Elementen (Rechenobjekten), in der Verknüpfungen (Rechenoperationen) mit bestimmten Eigenschaften definiert sind, z.B. die Menge der natürlichen Zahlen mit der Addition, der Subtraktion, der Multiplikation oder der Division.

asynchrone Zuordnung/Korrespondenz: Stück-für-Stück-Zuordnung (↑) zwischen den Elementen zweier (oder mehrerer Mengen), wobei – im Gegensatz zur sukzessiven Korrespondenz (↑) – jeweils *ein* Element der einen Menge *vorgegeben* und *eines* der anderen Menge(n) *nachgesetzt* bzw. *danach* diesem zugeordnet wird, d.h. die Zuordnung findet *nacheinander,* immer mit Vorgabe von *einem* Element, statt.

bijektive Abbildung/eineindeutige Zuordnung: umkehrbar eindeutige Zuordnung der Elemente zweier Mengen [= Stück-für-Stück-Korrespondenz (↑)], d.h. jedem Element der einen Menge muß *genau ein* Element der anderen Menge zugeordnet werden können *und umgekehrt.*

elaboriertes Zählen: „ausgebildetes", „richtiges" Zählen, das im Gegensatz zum abstrakten Zählen (↑) der Anzahlermittlung von Objekten dient und durch folgende 5 Prinzipien *(Zählprinzipien)* charakterisiert wird:

Jedem zu zählenden Gegenstand muß *genau ein* Zahlwort zugeordnet werden (1);

die Zahlwörterreihe unterliegt einer festen Ordnung, so daß die Zählzahlfolge immer die gleiche ist (2);

das letzte Glied der Zählreihe gibt zugleich die Anzahl der Elemente einer Menge an (3);

beliebige Elemente können – unabhängig von ihren *qualitativen* Merkmalen (!) – nach den Prinzipien 1 – 3 gezählt werden (4);

die Anordnung der Zählobjekte und die Reihenfolge, in der sie gezählt werden, sind für das Zählergebnis ohne Bedeutung (5).

enaktive Darstellungs-/Repräsentationsebene: handlungsgebundene Darstellung von Unterrichtsinhalten; eine der 3 Darstellungsformen nach Bruner (1974) – neben der ikonischen (↑) und der symbolischen (↑); Inhalte werden durch Handlungen mit konkretem Material oder dem Körper (z.B. Bewegungsformen) veranschaulicht und erarbeitet.

Gleichmächtigkeit (= Äquivalenz): gleiche Anzahl von Elementen („Mächtigkeit") zweier Mengen, die sich in der bijektiven/eineindeutigen Zuordnung (↑) ihrer Elemente ausdrückt.

heterogene Menge (= inhomogene Menge): uneinheitliche Menge; eine Menge, die aus ungleichartigen, wohlunterscheidbaren Elementen/Objekten zusammengesetzt ist, z.B. eine Menge aus verschiedenen Spielzeugfiguren; Gegensatz: homogene Menge (↑).

homogene Menge: einheitliche Menge; eine Menge, die aus lauter gleichartigen Objekten besteht, z.B. aus lauter roten Muggelsteinen.

ikonische Darstellungs-/Repräsentationsebene: Darstellung von Unterrichtsinhalten durch bildliche oder graphische Mittel; eine der 3 Darstellungsformen nach Bruner (1974) – neben der enaktiven (↑) und der symbolischen (↑); Inhalte werden in Bildern oder Bildsymbolen/Graphiken veranschaulicht und erarbeitet (z.B. auf der Tafel, in Büchern, Heften, auf Arbeitsblättern).

individueller Zahlbegriff: jede natürliche Zahl *einzeln* wird als Begriff angesehen (z.B. die Zahl „4") und durch verschiedene Beispiele, in denen diese Zahl in unterschiedlichen Zusammenhängen und Bedeutungen (auch in verschiedenen Zahlaspektformen) vorkommt, charakterisiert; – im Gegensatz zum Zahlbegriff, der die *ganze Menge der natürlichen Zahlen* (1,2,3,...) umfaßt, wobei die einzelnen Zahlen als Elemente einer Reihe oder als Operatoren u.a. auftreten.

Invarianz: Unveränderlichkeit einer Menge oder eines Gegenstandes nach Transformationen (↑) oder Unabhängigkeit einer Menge von qualitativen und strukturellen Merkmalen;
Piaget (1975) unterscheidet verschiedene Invarianzen:
Die **Mengeninvarianz** (= **Mengenerhaltung**) besagt, daß die *Quantität* der Menge, also deren Umfang/Größe/Anzahl der Elemente, unabhängig von der *Qualität,* also der Beschaffenheit/Struktur der Elemente (z.B. Farbe, Form, Größe, Anordnung), ist; 6 Äpfel sind also immer 6 Äpfel, egal ob sie groß oder klein, rot oder gelb sind, ob sie weit auseinander oder eng beisammen in einer Reihe auf dem Tisch liegen.

Die **Höheninvarianz** (= **Erhaltung der Höhe**) besagt, daß die Höhe eines Objektes auch nach bestimmten Transformationen (↑), z.B. auf unterschiedlich hohe Unterlagen stellen oder im Winkel neigen, unverändert bleibt.

Die **Längeninvarianz** (= **Erhaltung der Länge**) meint die Unabhängigkeit der Länge eines Objektes von dessen Lage und Struktur, z.B. ob ein und derselbe Wollfaden in Wellenform oder in Schneckenform dargeboten wird, ob eine Perlenkette langgestreckt oder zu einem Kreis geformt liegt, ob dieselbe Strecke weiter links auf einem Blatt oder nach rechts verschoben gezeichnet wird, ändert das nichts an deren Länge.

Analog gibt es noch die Massenerhaltung (z.B. bei Knetmasseumformungen) sowie die Volumen-, Gewichts-, Entfernungs- und Flächenerhaltung bzw. -invarianz, die jedoch in dieser Unterrichtsreihe keine Rolle spielen.

Iterativzahlen (= Wiederholungszahlen): die Zahladverbien „einmal, zweimal, dreimal, ...", die den Operatoraspekt (↑) des Zahlbegriffs ausdrücken.

Kardinalzahlaspekt (= kardinaler Aspekt): ein Aspekt des Zahlbegriffs, bei dem die natürlichen Zahlen als sog. Anzahlen die Größe bzw. „Mächtigkeit" von Mengen (Anzahl ihrer Elemente) bezeichnen; zugehörige Frage: „Wieviele ...?".

Maßzahlaspekt: ein Aspekt des Zahlbegriffs, bei dem die natürlichen Zahlen als sog. Maßzahlen das Meßresultat einer Größe in Relation zu einer bestimmten Einheit angeben; zugehörige Fragen: „Wie lang, wie hoch, wie schwer, ...?".

Mengenvarianz: Veränderlichkeit von Mengen nach bestimmten Gesetzmäßigkeiten, z.B. eine Menge vergrößert sich, wenn ein Element hinzugefügt wird, und verkleinert sich wieder bei Wegnahme des Elementes.

Operatoraspekt: ein Aspekt des Zahlbegriffs, bei dem die natürlichen Zahlen als sog. Wiederholungs- oder Iterativzahlen (↑) die Vielfachheit eines Vorgangs angeben; zugehörige Frage: „Wie oft ...?".

Ordinaler Aspekt: ein übergeordneter Aspekt des Zahlbegriffs, unter dem Zählzahlaspekt (↑) und Ordnungszahlaspekt (↑) zusammengefaßt sind.

Ordnungszahlaspekt: ein Aspekt des Zahlbegriffs, bei dem die natürlichen Zahlen als sog. Ordnungszahlen die Rangplätze von Elementen in einer total geordneten Reihe (↑) angeben; zugehörige Frage: „Der wievielte ...?".

periodische Folge: nach einer vorgegebenen Regel sich ständig wiederholende Abfolge von Objekten oder Symbolen, z.B. „aabc, aabc, aabc, ...".

pränumerisch: vorzahlig; der pränumerische Bereich des Rechenunterrichts umfaßt das Operieren mit numerisch unbestimmten Mengen und Größen, Zahlen werden also noch nicht gebraucht.

provozierte Korrespondenz: „herausgeforderte" Zuordnung zwischen den Elementen zweier Mengen; Begriff von PIAGET (1975); Stück-für-Stück-Korrespondenz (↑) zwischen heterogenen Mengen (↑), deren Elemente „qualitativ komplementär", d.h. auf eine so bestimmte Art einander „ergänzend" sind, daß ihre natürliche oder gewohnheitsmäßige Zusammengehörigkeit geradezu eine Zuordnung „provoziert", z.B. Eier und Eierbecher, Tassen und Untertassen u.ä.

Rechenzahlaspekt: ein Aspekt des Zahlbegriffs, bei dem die natürlichen Zahlen *als Ziffern* in Stellenwertsystemen, mit denen schriftlich gerechnet werden kann, sowie als *algebraische Struktur* (↑), in der nach gewissen Gesetzen (z.B. Assoziativität) gerechnet wird, verwandt werden.

Seriation: Reihung; Abfolge von Elementen oder Mengen nach festgelegten Gesetzmäßigkeiten, z.B. Ordnen von Objekten oder Mengen nach bestimmten Größen wie Dicke, Höhe, Elementanzahl u.a. oder von Symbolen nach einer vorgegebenen logischen Folge oder von Bildern einer Bildergeschichte nach der zeitlich-logischen Abfolge.

simultan: gleichzeitig, „mit einem Blick"; gleichzeitiges Erfassen und Wahrnehmen vorgegebener komplexer Sachverhalte/Strukturen, wie z.B. das gleichzeitige Erfassen der Länge und Lage oder Anordnung eines Objektes bei Transformationen (↑) und ihrer Konsequenzen hinsichtlich der Längenerhaltung, oder das Erfassen der Anzahl von mehreren Objekten auf einen Blick (**Simultanerfassung**); bei letzterer spielt die Anordnung der Objekte in eine übersichtlich strukturierte Gestalt (z.B. Würfelbildanordnung) eine ausschlaggebende Rolle dafür, daß Kinder die Anzahl von Elementen bildhaft-ganzheitlich, ohne abzuzählen, erfassen können; in der Regel gelingt dies bis zu einer Anzahl von 5 – 6 Objekten; Gegenteil: sukzessiv (↑).

spontane Korrespondenz: unmittelbare Zuordnung zwischen den Elementen zweier homogener Mengen (↑); Methode des Größenvergleichs zweier Mengen, die „spontan" von Kindern gewählt wird, wenn diese noch nicht zählen können; Begriff von Piaget (1975); im Gegensatz zur provozierten Korrespondenz (↑) handelt es sich hierbei um eine Stück-für-Stück-Korrespondenz (↑) zwischen Mengen mit lauter gleichartigen Elementen; diese Art des Mengenvergleichs fällt den Kindern in der Regel schwerer als die provozierte Korrespondenz (↑).

Stück-für-Stück-Korrespondenz: Stück-für-Stück-Zuordnung der Elemente einer Menge zu denen einer anderen Menge (oder mehrerer anderer Mengen), wobei diese Zuordnung jeweils eine **1:1-Zuordnung**, d.h. eine bijektive/eineindeutige (↑) sein muß; graphisch wird diese Zuordnung durch sog. Zuordnungslinien dargestellt.

sukzessiv: nach und nach; allmähliches, schrittweises Erfassen und Wahrnehmen vorgegebener komplexer Sachverhalte/Strukturen oder schrittweises Vorgehen bei Handlungen; im Gegensatz zum simultanen (↑) Erfassen der Anzahl einer Menge von Objekten geschieht das sukzessive mittels Auszählen der Objekte (Stück um Stück).

sukzessive Zuordnung/Korrespondenz: wird auch „verzögerte" Zuordnung genannt; Stück-für-Stück-Korrespondenz (↑) zwischen den Elementen zweier (oder mehrerer Mengen), wobei – im Gegensatz zur asynchronen Zuordnung (↑) – jeweils *2 oder mehrere* Elemente der einen Menge (auf einmal) vorgegeben und die entsprechend *gleiche Anzahl* an Elementen der anderen Menge(n) *nachgesetzt/nachgezogen* wird.

symbolische Darstellungs-/Repräsentationsebene: Darstellung von Unterrichtsinhalten durch Worte oder abstrakte Symbole; eine der 3 Darstellungsformen nach Bruner (1974) – neben der enaktiven (↑) und der ikonischen (↑); Inhalte werden rein verbal oder symbolisch-abstrakt, z.B. in Rechengleichungen mit den Rechenzeichen „+", „–", „x", „:" und in mathematischen Formeln o.ä. dargeboten und verbal, mit Symbolen oder sogar rein gedanklich erarbeitet.

total geordnete Reihe: eine Reihe von Elementen, für die gilt, daß zwei ungleiche Elemente a und b in der Reihe nie an gleicher Stelle stehen können, vielmehr immer entweder a vor b oder b vor a stehen muß; so können in der Reihe der Ordnungszahlen (1., 2., 3.,...) zwei verschiedene Zahlen nie auf der gleichen Ranghöhe plaziert sein, wie dies z.B. in einer nur „geordneten" Reihe von verschiedenen Holzstäben durchaus möglich ist, wenn zwei oder mehrere Stäbe der gleichen Höhe vorhanden sind.

Transformationen: Umwandlungen, Umformungen, Umgestaltungen; sind bedeutsam bei den Invarianz(↑)aufgaben nach Piaget (1975), wobei die Erkenntnis der Mengen-, Höhen- und Längenerhaltung *nach* den Transformationen von Objekten ein wichtiges Kriterium bei der Entwicklung des Zahlbegriffs darstellt.

Zählzahlaspekt: ein Aspekt des Zahlbegriffs, bei dem die natürlichen Zahlen eine Folge bilden, die beim Zählprozeß – abstraktes Zählen (↑) oder elaboriertes Zählen (↑) – durchlaufen wird.

Literatur

Mathematikdidaktische Grundlagen:

Fuson, K.C.; Hall, J.W.: The Acquisition of Early Number Word Meanings; in: **Ginsburg, H.P. (Ed.):** The Development of Mathematical Thinking, New York 1983.

Gelman, R.; Gallistel, C.R.: The Child's Understanding of Number, Cambridge, London 1978.

Kühnel, J.: Neubau des Rechenunterrichts, Bad Heilbrunn, Düsseldorf 1966[11].

Piaget, J.: Die Genese der Zahl beim Kind; in: **Piaget, J.; Resag, K. u.a.:** Rechenunterricht und Zahlbegriff, Braunschweig 1970[4].

Piaget, J.; Szeminska, A.: Die Entwicklung des Zahlbegriffs beim Kinde, Stuttgart 1975.

Radatz, H.: Zählen – eine oft vernachlässigte Fähigkeit; in: Grundschule, 14 (1982) H.4, 159-162.

Schipper, W.: Aspekte des arithmetischen Anfangsunterrichts; in: mathematica didacta, 4 (1981) 201-218.

Schmidt, R.: Die Zählfähigkeit der Schulanfänger; in: Sachunterricht und Mathematik in der Primarstufe, 10 (1982) 371-376 (a).

Schmidt, R.: Ziffernkenntnis und Ziffernverständnis der Schulanfänger; in: Grundschule, 14 (1982) H.4, 166-167 (b).

Schmidt, S.: Zur Bedeutung und Entwicklung der Zählkompetenz für die Zahlbegriffsentwicklung bei Vor- und Grundschulkindern; in: Zentralblatt der Didaktik der Mathematik, 2 (1983) 101-111.

Wittmann, E.: Grundfragen des Mathematikunterrichts, Braunschweig 1978[5].

Theorie und Praxis des Unterrichts mit Geistig- und Lernbehinderten:

Borgards, W.: Methodische Behandlung der Rechenschwäche, Berlin-Charlottenburg 1973[4].

Ebersole, M. u.a.: Lernen Schritt für Schritt, München, Basel 1976.

Fischer, D.: Neues Lernen mit Geistigbehinderten, Eine methodische Grundlegung, Würzburg 1981[2].

Reich, F.: Anbahnung des Zahlbegriffs bei Geistigbehinderten – Heft A8.1: Theoretische Einführung. (Übungsreihen für Geistigbehinderte, Hrsg.: **Dank, S.)** Lehrgang A: Umgang mit Mengen, Zahlen und Größen, Dortmund 1993.

Schmitz, G.: Rechnen mit geistig behinderten Kindern; in: **Haug, Ch.; Schmitz, G.:** Lesen und Rechnen mit geistig behinderten Kindern, Wien, München 1977.

Schmitz, G.; Scharlau, R.: Mathematik als Welterfahrung, Bonn-Bad Godesberg 1985.

Theorie und Praxis des Mathematikunterrichts (Vor- und Grundschule):

Floer, J.; Haarmann, H. (Hrsg.): Mathematik für Kinder, Grundlegung – Beispiele – Materialien, Weinheim, Basel 1982.

Kempinsky, H.: Der Rechenlehrer der Kleinen, Leipzig 1920[8].

Radatz, H.; Schipper, W.: Handbuch für den Mathematikunterricht an Grundschulen, Hannover 1983.

Wittmann, E.: Mathematisches Denken bei Vor- und Grundschulkindern, Braunschweig, Wiesbaden 1982.

Wittmann, J.: Theorie und Praxis eines ganzheitlichen Unterrichts, Dortmund 1967[4].

Unterrichtspraktische Beiträge:

Bernhardt, P.; Bock, H.; Schmidt, M.: Moto-Mathe, Materialien und Arbeitsblätter zum Erstrechnen in Diagnose- und Förderklassen; Grundlegende mathematische Fähigkeiten, München 1991.

Lützenkirchen, I.: Entwicklung von Basisfähigkeiten, Unterrichtsmodelle zur Stundenvorbereitung, Bonn-Bad Godesberg 1988[2].

Staatinstitut für Schulpädagogik und Bildungsforschung München (Hrsg.): Erstrechnen. Handreichung für Sonderpädagogische Diagnose- und Förderklassen, Teil 1: Grundlegende mathematische Fähigkeiten, Würzburg 1989[3] (Vertrieb: Herbert B. Freisleben, Günterslebener Str. 29, 97222 Rimpar).

Vater, W.: Rechenspiele zur mathematischen Förderung im Vorschulalter, Bonn 1984.

Liederbücher:

Böke, B.: Lernspiele für das behinderte Kind, Band 2, Boppard 1974.

Klein, R. R.: Willkommen, lieber Tag, Band I, Alte und neue Kinderlieder für die Grundschule, Frankfurt am Main 1975[12].

Pinson, R.W. (Hrsg.): Deutscher Liederschatz, Bayreuth 1979[3].

Raum für Notizen:

Raum für Notizen: